内科疾病诊治要点及习题系列丛书

血液病分册

主　编　黄晓军
副主编　卢锡京
编　委（按姓氏笔画排序）
　　　　王　蔚　石红霞　纪　宇
　　　　江　倩　江　浩　闫晨华
　　　　路　瑾　赖悦云

北京大学医学出版社

图书在版编目（CIP）数据

内科疾病诊治要点及习题系列丛书. 血液病分册/黄晓军主编. —北京：北京大学医学出版社，2008.3
ISBN 978-7-81116-296-7

Ⅰ. 内… Ⅱ. 黄… Ⅲ. ①内科—疾病—诊疗②血液病—诊疗　Ⅳ. R5　R55

中国版本图书馆 CIP 数据核字（2007）第 117259 号

内科疾病诊治要点及习题系列丛书——血液病分册

主　　编：黄晓军
出版发行：北京大学医学出版社（电话：010-82802230）
地　　址：(100083) 北京市海淀区学院路 38 号 北京大学医学部院内
网　　址：http://www.pumpress.com.cn
E-mail：booksale@bjmu.edu.cn
印　　刷：北京地泰德印刷有限公司
经　　销：新华书店
责任编辑：许　立　　　责任校对：金彤文　　　责任印制：张京生
开　　本：880mm×1230mm 1/32　　印张：6　　插页：3　　字数：165千字
版　　次：2008 年 3 月第 1 版　2008 年 3 月第 1 次印刷　印数：1-3000 册
书　　号：ISBN 978-7-81116-296-7
定　　价：14.00 元

版权所有，违者必究
（凡属质量问题请与本社发行部联系退换）

内科疾病诊治要点及习题系列丛书

系列丛书主编 陈 红
系列丛书副主编 陈江天

编委会名单
（按姓氏笔画排列）
王 梅 张国艳 苏 茵 胡兆衡
郭继鸿 高占成 黄晓军

北京大学医学部
　　科学出版基金资助出版

序　言

　　内科学是临床医学中一门重要的专业课，涉及面广，知识更新速度较快。近年来内科学涵盖的各亚专业学科无论是基础理论，还是临床诊治技术都取得了长足的进展。为了给医学生、低年内科医师，以及其他专业的医师提供一本能全面反映内科领域进展、通俗易读的参考书，我们组织了相关内科专业的专业人员，编写了《内科疾病诊治要点及习题系列丛书》这套丛书。

　　本套丛书包括心血管病分册、呼吸系统疾病分册、消化系统疾病分册、血液病分册、风湿免疫病分册、肾脏病分册、内分泌疾病分册七个分册。本套丛书以临床实际工作的需求为基调，结合国内外内科学的最新进展，对内科各系统进行了较为全面的梳理，不但涵盖了《内科学》的主要内容，而且就内科学中的重点、难点等做了重点论述。为了巩固和检验学习效果，我们还专门针对重点、难点和考点等编写了习题，全部习题配有参考答案。

　　这套丛书篇幅短小内容精练，文字通俗易懂，具有较好的科学性、实用性和新颖性。本丛书不仅适用于医学各专业的医学生、临床研究生、住院医师、进修医生，也适用于参加考研和医师晋升考试的广大考生。

　　本丛书编写时间短、工作量大，书中难免有遗漏和疏忽之处，欢迎广大读者批评指正，以利今后更正、补充和完善。

陈　红
2006 年 11 月于北京

前　言

　　血液疾病涉及面广、危害大，尤其对青壮年而言，血液恶性疾病是最常见恶性疾病。所幸，近十几年来，血液疾病无论在诊断及治疗方面均获迅猛发展，使多种血液疾病包括血液恶性肿瘤已变得可防、可治。

　　为了使医学生、低年医师以及其他专业的医生能够在短时间内掌握和了解血液病知识的要点和难点及其相关进展。我们编写了这套丛书，对血液病专业的知识进行了较为系统的总结。

　　本书包括血液病知识问答、多选题及答案、美国国家癌症网（National Comprehensive Cancer Network，NCCN）宣布的部分血液恶性肿瘤的诊治指南三个部分。疾病问答部分结合近年的发展及临床实际工作的具体要求，对血液病的难点和重点以及考点进行了较为系统的归纳。多选题部分起到了回顾和复习相关知识点的作用，并备有参考答案，有助于初学者和住院医师以及专科医师系统分析和解决实际工作中的常见问题。NCCN 是由美国国家肿瘤所指定的十几个综合癌症中心组成，其中包括了史坦福和 MD Anderson 等最好的癌症中心。NCCN 所使用的参考文献基本上都是 I 类证据，也就是 III 期临床试验和多参数的数据分析。撰写 NCCN 指南的作者同时也是各大癌症中心的学术带头人，大多是那些 III 期临床试验的设计者和作者。因此，NCCN 在血液疾病诊治领域中具有不可替代的权威性和指导性。结合我们的国情，利用美国 NCCN 的指南作为参考还是非常有必要的。

　　本书对于广大医学生、研究生、住院医师以及血液科医师既是日常医疗工作中的重要工具书，而且也是考前复习的"良师益友"。由于本丛书的编写时间较短，工作量较大，难免有遗漏及疏忽之处，恳请广大读者指正。

黄晓军

目 录

第一部分　血液病知识问答 ······································ (1)
  第一章　红细胞疾病 ·· (3)
  第二章　白细胞疾病 ··· (17)
    一、白细胞减少、粒细胞缺乏症和白细胞增多 ·········· (17)
    二、骨髓增生异常综合征 ·································· (20)
    三、急性白血病 ·· (22)
    四、慢性髓性白血病 ······································· (29)
    五、慢性淋巴细胞白血病（CLL） ······················· (32)
    六、浆细胞病 ··· (34)
    七、淋巴瘤 ·· (38)
  第三章　出血性疾病 ··· (44)
    一、总论 ··· (44)
    二、血管性紫癜 ··· (46)
    三、血小板数量及质量异常 ······························· (48)
    四、凝血机制障碍导致的出血性疾病 ···················· (53)
第二部分　血液病选择题及答案 ································ (65)
第三部分　血液疾病诊疗常规 ································· (121)
  附录一　急性髓性白血病 NCCN 2006 诊疗指南 ········ (123)
  附录二　慢性髓性白血病 NCCN 2006 诊疗指南 ········ (133)
  附录三　支持治疗 ·· (140)

第一部分

血液病知识问答

第一部分

血液病知识问答

第一章 红细胞疾病

1. 红细胞有什么功能?

红细胞主要功能是把 O_2 从肺带到组织、把 CO_2 从组织带到肺,在血液运输的全部 O_2 和 CO_2 中,只有少于 5% 是简单的物理溶解,其余全由血红蛋白携带。

2. 红细胞是怎样生成和被清除的?

红细胞在成人骨髓中生成,成熟红细胞的寿命 120 天。红细胞的破坏部位在肝、脾和骨髓。

3. 什么是贫血?

贫血是指外周血红细胞容量[临床上常以血红蛋白(Hb)代替]减少,低于正常范围下限的一种常见的临床症状。一般认为在海平面地区,成年男性 Hb<120g/L,成年女性(非妊娠)Hb<110g/L,孕妇 Hb<100g/L 就可诊断为贫血。

4. 贫血如何分类,主要见于哪些疾病?

目前临床上常采用的分类方法是根据贫血的进展速度、红细胞形态特点及病因和发病机制进行分类,分述如下:

(1) 根据贫血的进展速度:急性或慢性贫血。

(2) 根据红细胞形态特点分类:根据患者红细胞平均体积(MCV)及红细胞平均血红蛋白浓度(MCHC)将贫血分为三类:①大细胞性贫血:MCV>100fL,MCHC=32%～35%;如巨幼细胞贫血,伴网织红细胞大量增生的溶血性贫血,骨髓异常增生综合征,肝病等;②正常细胞性贫血:MCV=80～100fL、MCHC=32%～35%;如再生障碍性贫血,溶血性贫血,急性失血性贫血等;③小细胞低色素性贫血:MCV<80fL、MCHC<32%;如缺铁性贫血,铁粒幼细胞性贫血,珠蛋白生成障碍性贫血。

(3) 根据贫血的病因和发病机制可将贫血分为:①红细胞生成

不足：由于造血干祖细胞异常、造血调节异常和造血原料的缺乏所致。②红细胞破坏过多：如溶血性贫血。③失血性贫血：分为急性失血及慢性失血性贫血。

5. 影响贫血临床症状的因素有哪些？

贫血患者的临床症状轻重决定于以下因素：产生贫血的病因、贫血导致血液携氧能力下降的程度，贫血时血容量下降的程度，发生贫血的速度和血液、循环、呼吸等系统对贫血的代偿和耐受能力。

6. 如何诊断贫血？

贫血的诊断包括了解贫血的程度、类型及查明贫血的原因，其中病因诊断最关键。诊断手段主要包括：详细地询问病史、仔细地体格检查、必要的实验室检查（包括血常规、骨髓检查和贫血的发病机制的检查）。

7. 如何治疗贫血？

(1) 对因治疗：最重要，针对贫血的发病机制的治疗。
(2) 对症治疗：输红细胞，纠正体内缺氧状况。

8. 人体内铁是如何分布的？

体内铁的 2/3 在血红蛋白内，约 15% 在肌红蛋白内。体内的铁大致上可分为两大部分：①功能状态铁，包括血红蛋白、肌红蛋白、酶和辅因子、转铁蛋白和乳铁蛋白结合的铁；②贮存铁，以铁蛋白和含铁血黄素形式贮存于单核-吞噬细胞系统中。

9. 什么是缺铁性贫血？

缺铁性贫血是体内铁的需求与供给失衡，导致体内贮存铁耗尽，继之红细胞内铁缺乏。表现为小细胞低色素型贫血。

10. 什么是缺铁性贫血的病因？

(1) 铁摄入不足；

(2) 铁吸收障碍；

(3) 铁丢失过多。

11. 缺铁性贫血患者实验室检查有何特点？

(1) 血象：呈现典型的小细胞低色素性贫血，红细胞中心淡染区扩大，网织红细胞正常或轻度增高，白细胞和血小板计数正常或轻度减少，一般正常。

(2) 骨髓象：骨髓涂片增生活跃或明显活跃，以红系增生为主，粒系和巨核系无异常，红系以中、晚幼红细胞为主。铁染色后，铁粒幼细胞极少或消失（<15%），细胞外铁亦缺少。

(3) 生化检查：血清铁降低；总铁结合力增高；转铁蛋白饱和度降低；血清铁蛋白降低。

12. 缺铁性贫血应与哪些疾病鉴别？

缺铁性贫血是小细胞低色素性贫血，应注意与以下小细胞性贫血相鉴别：

(1) 海洋性贫血：常有家族史和溶血表现。血片中可见多数靶形红细胞，珠蛋白肽链合成数量有异常，血清铁、血清铁蛋白、转铁蛋白饱和度及骨髓铁染色不降低。

(2) 慢性病性贫血：常伴有肿瘤、炎症或感染性疾病，贮铁（血清铁蛋白和骨髓含铁血黄素颗粒）增多，血清铁、转铁蛋白饱和度、总铁结合力减少。

(3) 铁粒幼细胞贫血：主要是由于先天或后天获得的铁利用障碍而致的贫血，转铁蛋白饱和度、铁蛋白及骨髓中铁粒幼细胞或环形铁粒幼细胞增多，总铁结合力不低。

(4) 转铁蛋白缺乏症：是常染色体隐性遗传所致、严重肝病或肿瘤继发。血清铁、转铁蛋白饱和度、总铁结合力和骨髓含铁血黄素均明显降低。先天性者幼年发病，伴发育不良和多脏器功能受累。获得性者有原发病的表现。

13. 铁剂治疗有效的指标是什么？

缺铁性贫血患者在连续口服铁剂数天后，网织红细胞计数快速上升，一般在服用铁剂后第 5～10 天，网织红细胞升至 4%～10%，而其他贫血没有这种反应。血红蛋白可于补铁剂 2 周后上升，1～2 个月恢复正常。

14. 给缺铁性贫血患者补充铁剂时应注意哪些事项？

给缺铁性贫血患者补充铁剂时应注意以下几点：①于餐后服用，以减少对胃肠道的刺激；忌与茶同时服用。②血红蛋白正常后仍需继续补充铁剂 3～6 个月。③如果患者对口服铁剂不能耐受，可改胃肠外给药，用药总剂量为：所需补充铁（mg）＝［150－患者 Hb（g/L）］×体重（kg）×0.33。④如补充铁剂后不能使贫血减轻，须考虑下列可能：患者未按医嘱服药；诊断有误；出血未得到纠正；同时伴发感染、炎症、恶性肿瘤；肝病或肾病等抑制了骨髓的造血功能；胃肠道疾病如腹泻、肠蠕动过速等影响了铁剂的吸收。

15. 什么是巨幼细胞贫血？

巨幼细胞贫血是维生素 B_{12} 或叶酸缺乏或某些影响核糖核酸代谢的药物导致细胞脱氧核糖核酸（DNA）合成障碍所致的疾病。

16. 巨幼细胞贫血的病因有哪些？

巨幼细胞贫血的病因主要有叶酸和（或）维生素 B_{12} 缺乏。

（1）叶酸缺乏的病因：①摄入不足：如食物中缺少新鲜蔬菜，胃肠道疾病；②需要量增加：妊娠、哺乳、慢性反复溶血、慢性炎症、感染、甲状腺功能亢进及白血病等；③吸收障碍：小肠炎症、腹泻、肿瘤、手术或药物（甲氨蝶呤、乙胺嘧啶、苯妥英钠、苯巴比妥及柳氮磺胺吡啶等）。

（2）维生素 B_{12} 缺乏的病因：多与胃肠道疾病或功能紊乱有关：①摄入减少，见于绝对素食者和老年人、萎缩性胃炎患者；②吸收障碍：内因子缺乏，胃酸和胃蛋白酶缺乏，胰蛋白酶缺乏，肠道疾病，先天性内因子缺乏或维生素 B_{12} 吸收障碍，药物，肠道寄生虫或细菌大量繁殖；③利用障碍：如先天性转钴蛋白 II 缺乏、长期接触氧化亚氮。

17. 巨幼细胞贫血有哪些特殊临床表现？

巨幼细胞贫血的特殊临床表现：

(1) 消化道症状：常有食欲不振、腹胀、便秘腹泻，舌质红，舌乳头萎缩而致表面光滑（牛肉样舌）。

(2) 神经系统：维生素 B_{12} 缺乏可引起神经系统症状，主要由于周围神经脊髓后侧束联合变形或脑神经受损，表现为手足对称性麻木、深感觉障碍、共济失调，部分腱反射消失及锥体束征阳性，特别是老年患者可表现出精神异常、无欲、抑郁、嗜睡等，有时神经系统症状可于贫血前出现。

(3) 重者可出现全血减少所致的感染或出血，少数可有黄疸。

18. 巨幼细胞贫血的实验室检查有哪些主要特点？

(1) 血象：属大细胞性贫血，MCV、MCH 均增高，MCHC 正常。重者可有全血细胞减少，血涂片中红细胞大小不等和大卵圆形红细胞为主，中性粒细胞分叶过多，网织红细胞数正常或轻度增多。

(2) 骨髓象：骨髓增生活跃或明显活跃，以红系最显著，各系细胞均可见到巨幼变，巨核细胞减少，亦可见体积增大及分叶过多，骨髓铁染色增多。

(3) 血清叶酸低，维生素 B_{12} 水平低。

(4) 其他：胃酸降低，内因子抗体和 Schilling 试验阳性，血清间接胆红素可稍升高，维生素 B_{12} 缺乏者尿高半胱氨酸 24 小时排泄量增加。

19. 如何诊断巨幼细胞贫血？

根据贫血患者病史，临床表现，血象呈大细胞性贫血，骨髓细胞呈现典型的巨幼样变，维生素 B_{12} 和叶酸水平检测就可诊断。在没有条件测定时，维生素 B_{12} 和叶酸诊断性治疗有效（网织红细胞于一周左右上升）应考虑叶酸或维生素 B_{12} 缺乏。

20. 巨幼细胞贫血应与哪些疾病鉴别？

(1) 造血系统肿瘤：如骨髓增生异常综合征的难治性贫血、急性红白血病、红血病、叶酸或维生素 B_{12} 不缺乏且补之无效。

（2）有红细胞自身抗体的疾病：如温抗体型自身免疫性溶血、Evans 综合征、免疫相关性全血减少等。

（3）合并高黏滞血症的贫血：如多发性骨髓瘤。

21. 如何治疗巨幼细胞贫血？

（1）原发病的治疗。

（2）补充叶酸或维生素 B_{12}。

22. 什么是再生障碍性贫血？

再生障碍性贫血再障是一种获得性骨髓造血功能衰竭症。临床上表现为骨髓造血功能低下，全血细胞减少、贫血、出血和感染，免疫抑制剂治疗有效。分为重型和非重型。

23. 再生障碍性贫血已知的原因是什么？

约半数以上的再生障碍性贫血患者找不到明确的病因，目前较为公认的可导致再生障碍性贫血发生的病因包括以下几方面：

（1）化学因素：包括各类可以引起骨髓抑制的药物和工业用化学物品如苯等。

（2）物理因素：X 线、镭、放射性核素等。

（3）病毒感染：特别是肝炎病毒感染，微小病毒 B19。

24. 再生障碍性贫血的发病机制如何？

（1）造血干（祖）细胞缺陷。

（2）造血微环境异常。

（3）免疫异常。

25. 再生障碍性贫血是如何诊断的？

再生障碍性贫血诊断标准如下：

（1）全血细胞减少，网织红细胞比例 <0.01，淋巴细胞比例增高。

（2）一般无肝脾、淋巴结肿大。

（3）多部位骨髓检查多部位增生减低或重度减低，造血细胞少，非造血细胞比例增高，骨髓小粒空虚。

（4）除外其他全血减少的疾病，如阵发性睡眠性血红蛋白尿、骨髓增生异常综合征、Fanconi 贫血、Evans 综合征、免疫相关性全血减少、急性造血功能停滞、骨髓纤维化、急性白血病、恶性组织细胞病等。

26. 再生障碍性贫血是如何分型的，各型如何诊断？

（1）重型再生障碍性贫血-Ⅰ型：发病急，贫血进行性加重，常伴严重感染或出血。血象具备下列三项中的两项：粒细胞<0.5×10^9/L；网织红细胞绝对值<15×10^9/L；血小板<20×10^9/L，若中性粒细胞<0.2×10^9/L为极重型。

（2）非重型再生障碍性贫血：指达不到重型再生障碍性贫血-Ⅰ型诊断标准的再生障碍性贫血。如非重型再生障碍性贫血病情恶化，临床、血象及骨髓象达到重型再生障碍性贫血-Ⅰ型诊断标准时，称重型再生障碍性贫血-Ⅱ型。

27. 再生障碍性贫血应与哪些疾病相鉴别？

再生障碍性贫血应注意与其他可以导致全血减少的疾病相鉴别：

（1）阵发性睡眠性血红蛋白尿：临床上常有发作性血红蛋白尿（PNH），不典型者应予动态随访，终能发现 PNH 克隆，表现为酸溶血试验（Ham 试验）、蛇毒因子溶血试验（CoF 试验）和微量补体溶血敏感试验（mCLST）阳性。骨髓或外周血可发现 CD55 及 CD59 表达降低的各系细胞。

（2）骨髓增生异常综合征（MDS）：有病态造血现象，骨髓有核红细胞糖原染色可呈阳性，髓系早期细胞相关抗原表达增高，骨髓活检可见未成熟前体细胞的异常定位（ALIP），造血祖细胞培养可出现集簇增多、集落减少，可有染色体核型异常。

（3）Fanconi 贫血：是遗传性干细胞疾病，表现为一系或两系或全血减少，可伴发育异常（皮肤色素沉着、骨骼畸形、器官发育不全等），高危进展为 MDS、急性白血病及各种肿瘤性疾病。实验室可发现"Fanconi 基因",细胞染色体受丝裂素 C 作用后极易断裂。

(4) 自身抗体介导的全血细胞减少:包括 Evans 综合征和免疫相关性全血减少,前者可测及外周成熟血细胞的自身抗体,后者可测及骨髓未成熟血细胞的自身抗体。这两类患者均可有全血细胞减少并骨髓增生减低,但外周血网织红细胞或中性粒细胞比例往往不低甚至偏高,骨髓红系细胞比例不低且易见"红系造血岛",Th1:Th2 降低,$CD5^+$ B 细胞比例增高,血清白细胞介素-4 和 IL-10 水平增高,对糖皮质激素和(或)大剂量滴注丙种球蛋白的治疗反应较好。

(5) 急性造血功能停滞:常在溶血性贫血或接触某些危险因素或感染发热的患者中发生,全血减少尤其是红细胞数目骤然下降,网织红细胞数目可为零,骨髓三系减少,与重型再生障碍性贫血-I 型相似,但片尾部可见巨大原始红细胞;充足支持治疗下病情有自限性,1 个月左右可恢复。

(6) 恶性组织细胞病:多有非感染性高热、黄疸、出血严重,进行性衰竭,肝、脾、淋巴结肿大,全血细胞减少,多部位骨髓检查可找到异常的组织细胞。

(7) 骨髓纤维化:常有脾大,外周血可见幼稚粒细胞和有核红细胞,成熟红细胞呈泪滴样,若合并脾功能亢进,则全血减少明显,骨髓多次穿刺干抽,骨髓活检显示胶原纤维和网状纤维明显增生。

(8) 急性白血病:特别是低增生性急性白血病或急性早幼粒细胞性白血病,外周血全血减少,骨髓增生可减低、活跃、明显或极度活跃,血涂片及骨髓中可发现原始细胞。

28. 如何治疗再生障碍性贫血?

(1) 支持治疗:保护措施以预防感染、出血等。对症治疗以纠正贫血、控制出血及感染等。

(2) 针对发病机制的治疗:

1) 免疫抑制治疗:抗淋巴细胞球蛋白(ALG)或抗胸腺细胞球蛋白(ATG),环孢素,其他如 CD3 单克隆抗体、临床上常与环孢素、甲泼尼龙、丙种球蛋白、环磷酰胺等。

　　2）促造血治疗：雄激素，造血细胞因子。

　　（3）造血干细胞移植：主要用于重型再生障碍性贫血，适用于有合适供者，年龄不超过40岁的患者。

　　（4）中医中药：主要适用于慢性再生障碍性贫血患者。

29. 何为溶血性贫血和溶血性疾病？

　　溶血性贫血：是由于红细胞破坏增多、增速，超过造血补偿能力范围时所发生的一种贫血。

　　溶血性疾患：红细胞寿命缩短、破坏加速，而骨髓造血仍能代偿时，可不出现贫血，称为溶血性疾患。

30. 溶血性贫血如何分类？

　　临床上多按发病机制分类如下：

　　（1）红细胞自身异常所致的溶血性贫血：①红细胞膜异常：遗传性红细胞膜缺陷，获得性血细胞膜糖化肌醇磷脂（GPI）锚连膜蛋白异常；②遗传性红细胞酶缺乏：葡萄糖6磷酸脱氢酶缺乏，丙酮酸激酶缺乏；③珠蛋白和血红素异常：遗传性血红蛋白病，卟啉病，铅中毒。

　　（2）红细胞周围环境异常所致的溶血性贫血：①免疫性溶血性贫血：a. 自身免疫性溶血性贫血：温抗体型或冷抗体型（冷凝集素型、D-L抗体型）：包括原发性或继发性；b. 同种免疫性溶血性贫血：如血型不合的输血反应、新生儿溶血。②血管性溶血性贫血：血管壁异常，微血管性溶血性贫血，血管壁受到反复挤压，物理与机械因素。③生物因素：蛇毒，疟疾，黑热病等。④理化因素：大面积烧伤、血浆渗透压变化和化学药物中毒。

31. 何谓血管内溶血、血管外溶血和原位溶血？

　　溶血按异常红细胞破坏场所分血管内溶血和血管外溶血。

　　（1）血管内溶血：指红细胞在循环血流中遭到破坏，血红蛋白释放入血引起症状的溶血，起病较急，常有全身症状，如腰背酸痛、血红蛋白血症和血红蛋白尿。慢性者可有含铁血黄素尿，见于血型不合输血、输注低渗溶液、阵发性睡眠性血红蛋白尿、冷抗体型自身免疫性溶血性贫血等。实验室检查：游离血红蛋白增高，血清结合珠蛋白降低，乳酸脱氢酶增加，有血红蛋白尿和含铁血黄素尿。

（2）血管外溶血：指红细胞在单核-吞噬细胞系统，主要是脾脏遭到破坏的溶血，起病较慢，可引起脾大，血清间接胆红素增高，多无血红蛋白尿。见于遗传性球形细胞增多症和温抗体型自身免疫性溶血性贫血。实验室检查：血清总胆红素增高，以间接胆红素增高为主，尿/粪胆原增加。

（3）原位溶血：指骨髓内的幼红细胞在释入血循环之前已在骨髓内破坏，亦称为无效性红细胞生成，其本质是一种血管外溶血，严重时可伴黄疸，主要见于巨幼细胞贫血及骨髓增生异常综合征等疾病。

32. 急性溶血性贫血和慢性溶血性贫血临床表现有何差别？

急性溶血起病急骤，短期内大量血管内溶血，可有严重的腰背酸痛及四肢酸痛，伴头痛、呕吐、寒战，随后出现高热、面色苍白、血红蛋白尿及黄疸，严重者出现周围循环衰竭，由于溶血产物引起肾小管阻塞及肾小管细胞坏死，最终导致急性肾衰竭。

慢性溶血起病缓慢，症状轻微，有贫血、黄疸、肝脾大三大特征，慢性溶血患者由于长期的高胆红素血症可并发胆石症和肝功能损害等表现。幼儿起病者可有骨骼改变。

33. 溶血性贫血有哪些实验室证据，如何诊断溶血性贫血？

溶血性贫血的诊断首先应根据临床表现及实验室检查确定有无溶血：

（1）血管外溶血时提示红细胞破坏的检查：①高胆红素血症；②粪胆原排出增多；尿胆原排出增多。

（2）血管内溶血时提示红细胞破坏的检查：①血红蛋白血症；②血清结合珠蛋白降低；③血红蛋白尿：一般血浆中游离血红蛋白量大于1300mg/L时，临床上出现血红蛋白尿；④含铁血黄素尿。

（3）提示骨髓幼红细胞代偿性增生的实验室检查：①网织红细

胞增多；②外周血出现幼红细胞；③骨髓幼红细胞增生，以中幼和晚幼细胞最多。

（4）提示红细胞寿命缩短的检查：①红细胞的形态改变：血片中可见畸形红细胞；②吞噬红细胞现象及自身凝集反应；③海因小体；④红细胞渗透脆性异常；⑤红细胞寿命缩短。

34. 什么是抗人球蛋白试验，有何临床意义？

抗人球蛋白试验（Coombs Test）可分为直接和间接两种。

（1）直接抗人球蛋白试验，能较敏感地测定吸附在红细胞膜上的不完全抗体和补体，是诊断自身免疫性溶血性贫血的重要实验室指标。

（2）间接抗人球蛋白试验：是测定血清中游离抗体或补体的方法。阳性结果说明患者血清中存在有游离抗体或补体。其意义同上。

抗人球蛋白试验阴性者也不能完全除外自身免疫性溶血性贫血的可能。

35. 何谓含铁血黄素尿，见于哪种溶血？

被肾小管重吸收的游离血红蛋白，在肾小管上皮细胞内被分解为卟啉、铁及珠蛋白，超过肾小管上皮细胞所能输送的铁，以铁蛋白或含铁血黄素形式沉积在上皮细胞内，当细胞脱落随尿排出，即成为含铁血黄素尿。含铁血黄素尿主要见于慢性血管内溶血，急性血管内溶血必须在几天后含铁血黄素尿才出现阳性。

36. 什么叫 Evans 综合征？

Evans 综合征即同时或相继发生自身免疫性溶血性贫血和免疫性血小板减少性紫癜的综合征。以女性较多，儿童发病率较成人为少，儿童病例多呈急性，与病毒感染有关。此综合征多数以血小板减少起病，随后发生自身免疫性溶血，两者同时起病较少见。继发性 Evans 综合征与多种结缔组织病有关，特别是与系统性红斑狼疮密切相关。

37. 什么是自身免疫性溶血性贫血？

自身免疫性溶血性贫血是免疫功能调节紊乱，产生自身抗体，吸附于红细胞表面而引起的一种溶血性贫血。

38. 如何根据抗体的不同将自身免疫性溶血性贫血进行分类？

根据抗体作用于红细胞时所需的温度不同可分为温抗体型和冷抗体型两种，其中温抗体型占绝大多数。

温抗体型：温抗体一般在37℃时最活跃，主要是IgG，少数为IgM，为不完全抗体。由温抗体介导的自身免疫性溶血性贫血称温抗体型自身免疫性溶血性贫血。按其病因分为原发性及继发性两种。55%的温抗体型自身免疫性溶血性贫血可继发于淋巴细胞增殖性疾病、结缔组织病、感染性疾病、免疫缺陷性疾病、胃肠系统疾病和良性肿瘤等。

冷抗体型：冷抗体在20℃时最活跃，主要是IgM。凝集素性IgM较多见于冷凝集素综合征，可直接在血循环中发生红细胞凝集反应，是完全抗体。冷凝集素综合征可继发于支原体肺炎和传染性单核细胞增多症。由D-L抗体引起的溶血见于阵发性冷性血红蛋白尿，可继发于病毒或梅毒感染。

39. 温抗体型自身免疫性溶血性贫血有何特点？如何进行诊断？

温抗体型自身免疫性溶血性贫血有以下特点：

(1) 临床表现：多为女性，除溶血及贫血外，可有脾大、黄疸及肝大，继发性自身免疫性溶血性贫血常伴有原发病的临床表现。

(2) 实验室检查：贫血程度不一，外周血涂片可见多量球形红细胞及数量不等的幼红细胞，网织红细胞增多，骨髓涂片中幼红细胞增多，偶见红系巨幼样变，再生障碍性贫血危象时网织红细胞可极度减少，骨髓象呈再生障碍，血象呈全血减少。主要的诊断依据为抗人球蛋白直接试验阳性；间接试验可为阳性或阴性，测定血清中游离的IgG或C3。

40. 如何诊断温抗体型自身免疫性溶血性贫血?

温抗体型自身免疫性溶血性贫血的诊断方法为:近4个月内无输血或可疑药物服用史,如直接抗人球蛋白试验阳性,IgG 或 C3 型,冷凝集素效价正常,结合临床表现和实验室检查可诊断;如抗人球蛋白试验阴性,但临床表现符合,糖皮质激素或脾切除有效,除外其他溶血性贫血特别是遗传性球形细胞增多症,也可诊断。确定为温抗体型自身免疫性溶血性贫血后必须进一步查明原发性疾病的存在与否。

41. 如何治疗温抗体型自身免疫性溶血性贫血?

(1) 病因治疗:积极寻找病因,治疗原发病最为重要。

(2) 糖皮质激素:是治疗本病的首选药物,如治疗3周无效,更换其他疗法。红细胞数恢复正常后维持治疗剂量1个月后逐渐减量,小剂量泼尼松5～10mg 持续治疗至少3～6个月。

(3) 脾切除:若糖皮质激素有效,减少剂量又复发者,经治疗观察半年以上可选择脾切除术治疗,但手术适应证应严格掌握。

(4) 免疫抑制剂:上述治疗无效时可用硫唑嘌呤、环磷酰胺、环孢素 A、大剂量丙种球蛋白等治疗。

(5) 其他:应尽量避免输血;严重溶血一般治疗无效时可选择血浆交换疗法或大剂量丙种球蛋白。

42. 什么叫异常血红蛋白病?常见的有哪几种?

异常血红蛋白病是一组珠蛋白肽链分子结构异常性疾病。常见的异常血红蛋白病有镰状细胞贫血、不稳定血红蛋白病、血红蛋白 M、氧亲和力异常的血红蛋白。

43. 什么是阵发性睡眠性血红蛋白尿,其发病机制如何?

阵发性睡眠性血红蛋白尿 (paroxysmal nocturnal hemoglobinuria, PNH) 是一种获得性造血干细胞克隆缺陷性疾病,其血细胞(红细胞、粒细胞及血小板)膜获得性缺陷对激活补体异常敏感而被破坏,导致血管内溶血。临床表现以与睡眠有关的、间歇发作的血红蛋白尿为特征,可伴有全血细胞减少或反复血栓形成。

阵发性睡眠性血红蛋白尿发病机制仍不明了,可能是由于骨髓损伤,致使造血干细胞基因突变,形成具有 PNH 缺陷的细胞群,到一定数量后即可发病,它不但累及红细胞、粒细胞、淋巴细胞及血小板也有相似的改变。血细胞膜有结构异常,缺乏抑制补体激活及膜反应性溶解的蛋白质,对补体异常敏感,容易被破坏,导致血管内溶血。进一步研究发现 PNH 细胞表面缺失了 GPI 锚连膜蛋白。该类膜蛋白缺陷与 PNH 发病有关,其中以 CD55 及 CD59 最重要,CD55 在补体激活的 C3、C5 转化酶水平起抑制作用,CD59 可以阻止液相的补体 C9 转变成膜攻击复合物。

44. 阵发性睡眠性血红蛋白尿的实验室检查有哪些特征?

阵发性睡眠性血红蛋白尿的实验室检查有以下特征:

(1) 血象:多数贫血是严重的,常低于 60g/L,如血红蛋白尿发作频繁,可呈小细胞低色素性贫血,合并血管内血栓形成时,血片中可见红细胞碎片。粒细胞通常减少,血小板中度减少,约半数有全血细胞减少。

(2) 骨髓象:半数以上患者骨髓象三系细胞增生活跃,尤以幼红细胞为主。不同患者或同一患者不同时期骨髓增生可有差异,有时增生低下。

(3) 血管内溶血的实验室检查阳性。

(4) 特异性血清学试验阳性:酸溶血试验(Ham 试验)、蔗糖溶血试验、热溶血试验、蛇毒因子溶血试验。

(5) 免疫学检查:红、粒、单核和淋巴细胞的细胞膜上 CD55 及 CD59 表达下降,阴性率大于 5%,大于 20% 时诊断意义更大。

45. 如何治疗 PNH?

PNH 除骨髓移植外,目前尚无特效治疗方法,但给以正确处理可减少急性溶血和并发症的发生。常用的治疗方法有下列几种:

(1) 输血:主张采用去除血浆并经生理盐水洗涤 3 次的红细胞输注。

(2) 控制溶血发作:①右旋糖酐;②服用或静脉滴注 5% 碳酸

氢钠；③糖皮质激素。

(3) 促红细胞生成：①雄激素；②铁剂。

(4) 血管栓塞防治：华法林。

(5) 造血干细胞移植。

46. 什么是 PNH-再生障碍性贫血综合征？

凡再生障碍性贫血转化为 PNH 或 PNH 转化为再生障碍性贫血，或兼有两病特征者均称为再生障碍性贫血-PNH 综合征。为表明两病发生先后，或兼有两病特征时临床表现以何者为主，可将本综合征分为 4 种情况：

(1) 再生障碍性贫血-PNH：指原有肯定的再生障碍性贫血，转为可确定的 PNH，再生障碍性贫血的表现已不明显。

(2) PNH-再生障碍性贫血：指原有肯定的 PNH，转为明确的再生障碍性贫血，PNH 的表现已不明显。

(3) PNH 伴有再生障碍性贫血特征：指临床及实验室检查所见均说明病情仍以 PNH 为主，但伴有一个或一个以上部位骨髓增生低下、巨核细胞减少、网织红细胞不增高等再生障碍性贫血表现者。

(4) 再生障碍性贫血伴有 PNH 特征：指临床及实验室检查均说明病情仍以再生障碍性贫血为主，但伴有 PNH 的有关化验结果阳性者。

第二章 白细胞疾病

一、白细胞减少、粒细胞缺乏症和白细胞增多

1. 什么是白细胞减少和粒细胞缺乏症？

外周血白细胞数持续低于正常值（成人 $4\times10^9/L$）时称为白细胞减少。当成人中性粒细胞绝对数低于 $2\times10^9/L$ 时称为粒细胞减少症；低于 $0.5\times10^9/L$ 时称为粒细胞缺乏症。

2. 引起粒细胞减少症的机制有哪些？

引起粒细胞减少症的机制主要包括：①中性粒细胞的生成缺陷。②中性粒细胞的破坏或消耗过多（免疫性因素和非免疫性因素）。③中性粒细胞的分布异常。

3. 粒细胞减少的分度？

粒细胞减少可分为轻度$\geqslant 1.0\times 10^9/L$，中度$(0.5\sim 1.0)\times 10^9/L$，重度$<0.5\times 10^9/L$。

4. 哪些药物可引起粒细胞减少？

可引起粒细胞减少的药物：细胞毒药物、解热镇痛药、抗结核药、抗疟药、抗病毒药、抗甲状腺药、降糖药、抗惊厥药、抗组胺药、抗生素、降血压药、抗心律失常药、免疫调节药、抗精神病药、利尿药等。

5. 能引起粒细胞破坏和消耗过多的免疫性因素有哪些？

有自身免疫性粒细胞减少，各种自身免疫性疾病（系统性红斑狼疮、类风湿性关节炎、Felty综合征）以及同种免疫性新生儿粒细胞减少。

6. 粒细胞减少的临床表现？

一般轻度的粒细胞减少临床上不出现任何特殊症状，多表现为原发病的症状。中度和重度的粒细胞减少患者易出现疲乏、无力、头晕、食欲减退等非特异性症状。常见的感染部位是呼吸道、消化道及泌尿生殖道，可出现高热，黏膜的坏死性溃疡及严重的败血症、脓毒血症。粒细胞严重缺乏时，感染的部位不能形成有效的炎性反应，常无脓液，X线检查无炎症浸润影或不明显，脓肿穿刺可无或有少量脓液。

7. 粒细胞减少症如何治疗？

（1）病因治疗：对可疑的药物或其他致病因素，应立即停止接触。继发性减少者应积极治疗原发病。

(2) 防治感染：轻度减少者不需特别的预防措施。中度减少者感染率增加，应减少出入公共场所的次数，并注意保持皮肤和口腔卫生，去除慢性感染灶。粒细胞缺乏者应考虑采取无菌隔离措施，防止交叉感染。有感染者应行血、尿、痰及感染灶分泌物的细菌培养和药敏测试及胸片、B超等检查，以明确感染的部位和类型。在致病菌尚未明确之前，可经验性应用广谱抗生素治疗，覆盖革兰氏阴性菌和阳性菌，待药敏结果出来之后再调整用药。若3～5天后无效，可加用抗真菌药物。病毒感染可用抗病毒药物。

(3) 升粒细胞药物：细胞生长因子：基因重组人粒单系生长因子（GM-CSF）和粒细胞集落刺激因子（G-CSF），常用剂量为 $2\sim5\mu g/(kg\cdot d)$。刺激白细胞生长药：碳酸锂。

(4) 免疫抑制剂：对于自身免疫性粒细胞减少和免疫介导的粒细胞减少，可用糖皮质激素等免疫抑制剂治疗。其他原因引起的中性粒细胞减少，则不宜采用。

8. 什么叫类白血病反应？

类白血病反应指并非由白血病引起的外周血白细胞计数增多和（或）出现幼稚阶段的血细胞。

9. 类白血病反应如何与白血病鉴别？

(1) 类白血病反应应有明确的病因：严重的感染、恶性肿瘤、大出血、急性溶血、过敏性休克等原发病和中毒或服药史等。

(2) 类白血病反应绝大多数仅有血象的变化，很少有骨髓象的明显异常，且血象也只限于白细胞系列（除外失血、溶血所致者），一般不波及红细胞系列与巨核细胞系列，临床上一般无贫血和血小板减少。对分辨有困难的病例可进行白细胞-祖细胞（L-CFU）培养、流式细胞术、免疫学表型及染色体分析等检查，进一步对类白血病反应与白血病进行鉴别。

(3) 经治疗去除原发病后，类白血病反应的血象变化随之恢复正常。

二、骨髓增生异常综合征

1. 什么叫骨髓增生异常综合征?

骨髓增生异常综合征（myelodysplastic syndrome，MDS）是一组起源于造血干细胞，以血细胞病态造血、高风险向急性白血病转化为特征的难治性血细胞质、量异常的异质性疾病。

2. 如何诊断 MDS?

根据患者血细胞减少和相应的症状体征，以及骨髓中两系以上的病态造血、细胞遗传学异常、病理学改变、体外造血祖细胞集落培养的结果，MDS 的诊断不难确立。但应当注意，有病态造血不等于就是 MDS。目前，MDS 的诊断尚无"金标准"，还是一个除外性诊断。

3. 骨髓增生异常综合征如何分型？

法、美、英协作组（FAB 分型）组根据骨髓原始细胞的多少及外周血中原始细胞的有无将骨髓增生异常综合征分 5 个亚型：

(1) 难治性贫血（refractory anemia，RA）：骨髓中原始细胞<5%，血中原始细胞<1%。

(2) 环形铁粒幼细胞性难治性贫血（RAS）：骨髓中原始细胞<5%，但骨髓中环状铁粒幼细胞>全骨髓有核细胞的 15%。

(3) 难治性贫血伴原始细胞增多（RAEB）：骨髓中原始细胞 5%～20%，血中原始细胞<5%。

(4) 难治性贫血伴原始细胞增多-转变型（RAEB-T）：血中原始细胞≥5%，骨髓中原始细胞>20%～30%，或幼稚粒细胞出现 Auer 小体等三种现象具备一条可诊断为 RAEB-T。

(5) 慢性粒-单核细胞白血病（CMML）：骨髓和血中原始细胞同 RAEB，并有少数原始单核细胞（<5%），血中成熟单核细胞增多（>1×10^9/L）。

最近，WHO 提出了新的 MDS 分型标准，保留了难治性贫血（RA）、难治性贫血伴环形铁粒幼细胞增多型（RAS）、难治性贫血伴有原始细胞增多（RAEB），将 CMML 归于骨髓增生异常综合征/骨髓增殖性疾病（MDS/MPD），RAEB－T 视为急性白血病；对于临床上有些伴有顽固性白细胞和（或）血小板减少的 RA，骨髓存在多谱系增生异常，因其临床预后较 RA、RAS 差，且更易发生骨髓衰竭或转为急性白血病，WHO 将其作为一种新疾病实体，命名为 RCMD，将伴 5q－的 RA 单独列为 5q－综合征；新增加了 MDS 未能分类（u－MDS）。不过，WHO 的分型尚未获得广泛的认同。

4. 什么是 5q-综合征？

5q-综合征多见于高龄女性，表现为大细胞贫血，血小板正常。骨髓红系增生受抑，巨核细胞不分叶。多为 RA 型，中位生存期为 40 个月，转化为白血病的几率为 12%。

5. MDS 应与哪些疾病鉴别？

诊断 MDS 的关键是病态造血，而病态造血并非 MDS 特有，因此在诊断 MDS 时应注意除外以下疾病：

（1）再生障碍性贫血：慢性再生障碍性贫血与 MDS 的 RA 型十分相似，鉴别较困难。但 MDS 的骨髓小粒中为造血细胞岛，而再生障碍性贫血的骨髓小粒中为非造血细胞岛。MDS 患者约 40%～70%有异常染色体核型，而再生障碍性贫血一般染色体正常。MDS 可伴有骨髓纤维化，而再生障碍性贫血则少见。

（2）溶血性贫血：MDS 的 RA 骨髓红系统多，有时病态造血不明显，血中网织红细胞稍增加，则与溶血性贫血类似，但溶血性贫血可有溶血的相关指标阳性，而 MDS 多为阴性。MDS 可有 SCD（姐妹染色单体互换）阴性及染色体核型异常，而溶血性贫血多无。

（3）巨幼细胞贫血：MDS 时血清叶酸及维生素 B_{12} 多增加，且贫血经叶酸或维生素 B_{12} 治疗无效。

（4）慢性粒细胞白血病（CML）：CML 的 Ph 染色体、BCR-ABL 融合基因检测为阳性，而 CMML 则无。

6. MDS 的治疗原则包括哪些?

(1) 支持治疗：成分输血、防治感染。

(2) 促造血治疗：雄激素和造血生长因子：红细胞生成素 (EPO)、粒单和粒系集落刺激因子 (GM-CSF, G-CSF)。

(3) 诱导分化剂：①维生素 A 衍生物；②维生素 D 衍生物；③干扰素 γ (INF-γ)；④5-氮杂胞嘧啶核苷 (5-Aza)；⑤氨磷汀 (amifostine)。

(4) 生物反应调节剂：干扰素、血管新生抑制剂。

(5) 联合化疗：对于年龄小于 60 岁、一般情况良好的高危患者可考虑使用联合化疗。但要加强支持疗法。

(6) 造血干细胞移植：是唯一治愈 MDS 的方法。

三、急性白血病

1. 什么是白血病?

白血病 (leukemia) 是一类造血干细胞的克隆性恶性疾病。其克隆性白血病细胞失去进一步分化成熟的能力而停滞在细胞发育的不同阶段。在骨髓和其他造血组织中白血病细胞大量增生积聚，并浸润其他器官和组织，而正常造血受抑制。

2. 白血病的常见病因有哪些?

(1) 病毒：例如成人 T 细胞白血病 (ATL) 是由人类 T 淋巴细胞病毒-I (human T-ceu lymphotropic virus-I, HTLV-1) 所引起。

(2) 电离辐射：可使骨髓抑制和机体免疫力缺陷，染色体发生断裂和重组，染色体双股 DNA 有可逆性断裂。

(3) 化学因素：苯、抗肿瘤药中的烷化剂、乙双吗啉、氯霉素、保泰松亦可能有致白血病作用。

(4) 遗传因素：家族性白血病约占白血病的 0.7%。

(5) 其他血液病：如骨髓增生异常综合征、淋巴瘤、多发性骨髓瘤等。

3. 什么叫 FAB 分型？什么叫 MICM 分型？

1976年法国、美国和英国的7位科学家（FAB协作组）根据骨髓和外周血的细胞形态，并补充必要的细胞化学染色，把急性白血病分为淋巴细胞型和髓细胞型。后经多次修改补充，形成目前最常用的也是国际上统一的 FAB 临床分型标准。

因光镜下形态学观察和细胞化学方法对细胞识别能力有限，少数病例难以准确分型。随着单克隆抗体的应用，可使90％的急性淋巴细胞白血病和急性非淋巴细胞白血病得到正确分型诊断。应用高分辨分带技术，发现80％患者有染色体核型异常，且与分型有关。因而有条件的实验室采用了形态学（morphology）、免疫学（immunology）、细胞遗传学（cytogenetics）、分子生物学（molecular biology）结合的分型，即 MICM 分型。

4. 急性髓性白血病 FAB 分型分哪几型？

M_0（急性髓细胞白血病微分化型）
M_1（急性粒细胞白血病未分化型）
M_2（急性粒细胞白血病部分分化型）
M_3（急性早幼粒细胞白血病）
M_4（急性粒-单核细胞白血病）
M_4Eo 嗜酸性粒细胞在非红系细胞中$\geqslant 5\%$
M_5（急性单核细胞白血病）
M_6（急性红白血病）
M_7（急性巨核细胞白血病）

5. M_3（急性早幼粒细胞白血病）如何诊断？

M_3（急性早幼粒细胞白血病，APL）的 FAB 诊断标准是骨髓中多颗粒的异常早幼粒细胞在非红系细胞中$\geqslant 30\%$。异常的早幼粒细胞中颗粒明显增加，不同于正常的早幼粒细胞。本病的染色体有一致的特异性改变：95％的病人会出现 t（15；17），形成融合基因，产生 PML-RARα 蛋白。另外，本病的免疫分型也比较有特点：CD34，HLA-DR 阴性，而 CD13，CD33 阳性。

6. 急性淋巴细胞白血病 FAB 分型分哪几型？

急性淋巴细胞白血病，共分 3 型如下：
L_1：原始和幼淋巴细胞以小细胞（直径≤12μm）为主。
L_2：原始和幼淋巴细胞以大细胞（直径＞12μm）为主。
L_3：原始和幼淋巴细胞以大细胞为主，大小较一致，细胞内有明显空泡，胞浆嗜碱性，染色深。

7. 急性白血病可出现哪些临床症状？

急性白血病起病急缓不一，主要表现为贫血、感染、出血、器官或组织浸润。

8. 白血病浸润有哪些特殊表现？

①淋巴结和肝脾肿大；②胸骨下段局部压痛，还可出现关节、骨骼疼痛；③粒细胞肉瘤或称绿色瘤常累及骨膜，以眼眶部位最常见；④急性单核细胞白血病和急性粒-单细胞白血病时，白血病浸润牙龈，皮肤浸润；⑤中枢神经系统有白血病细胞浸润时可发生中枢神经系统白血病；⑥睾丸受浸润可出现无痛性肿大，多为一侧性；⑦白血病细胞还可浸润肺、心、消化道、泌尿系统等。

9. 急性白血病的骨髓象有何特点？

多数病例有核细胞显著增生，以原始细胞为主，而较成熟中间阶段的细胞缺如，并残留少量成熟粒细胞，形成所谓"裂孔"现象。少数骨髓增生低下者原始细胞仍在 30% 以上称为低增生性急性白血病。Auer 小体仅见于急性非淋巴细胞性白血病，有独立诊断意义。

10. 如何用组化鉴别急性白血病？

急性白血病的组化表现

	急性淋巴细胞白血病	急性粒细胞性白血病	急性单核细胞白血病
过氧化物酶	−	分化差的原始细胞−～+ 分化好的原始细胞+～+++	−～+
糖原染色	+成块或颗粒状	−或+，弥漫呈淡红色	−～+，弥漫性淡红色或颗粒状
非特异性酯酶	−	−或+，NaF抑制<50%	+，NaF抑制>50%
中性粒细胞碱性磷酸酶	增加	减少或−	正常或增加

11. 急性白血病的免疫分型有何特点？

免疫分型可以区分形态学或组化染色难以确定的急性淋巴细胞白血病（ALL）或急性髓系白血病（AML），区分 T 或 B 系 ALL，具有辅助诊断作用。

(1) CD34、CD117、CD33、CD13、cMPO 被视为 AML 的相关标志。

(2) CD34、HLA‐DR、CD19、$CD10^{+/-}$、cCD79 被视为 B‐ALL 的相关标志。

(3) T 细胞型-急性淋巴细胞性白血病（T-ALL）的免疫分型特点：CD34、CD38、cCD3、CD7、$CD2^{+/-}$、$CD5^{+/-}$。被视为 T-ALL 的相关标志。

(4) 急性混合细胞白血病多采用积分系统诊断。

12. 急性未分化白血病的免疫学检查特点？

髓系和 T 或 B 抗原积分均≤2。

13. 急性混合细胞型白血病的免疫分型特点？

双表型是指白血病细胞同时表达髓系或淋巴系抗原，积分均大于 2。双克隆是指两群来源于各自干细胞的白血病细胞分别表达髓系和淋巴系抗原，并且积分均大于2。

14. 什么叫伴有髓系抗原表达的急性淋巴细胞性白血病或伴有淋系抗原表达的急性髓性白血病？

伴有髓系抗原表达的急性淋巴细胞性白血病是指淋巴系积分>2，但髓系积分≤2；伴有淋系抗原表达的急性髓性白血病是指髓系积分>2，但淋巴系积分≤2。

15. 各种白血病的常见染色体改变及形成的融合基因有哪些？

t（8；21）常见于 M2，形成的融合基因为 AML1-ETO；t（15；17）常见于 M3，形成的融合基因为 PML-RARa；t（11；17）常见于 M3，形成的融合基因为 PLZF-RARa；inv（16）常见于 M4EO，形成的融合基因为 CBFβ-MYH11；t（9；22）常见于 CML，ALL，AML，形成的融合基因为 BCR-ABL；t（8；14）常见于 L3，形成的融合基因为 MYC-IgH；t（variable；11q23）常见于 M4、M5，形成的融合基因为 MLL。

16. 急性白血病应与哪些疾病相鉴别？

（1）骨髓增生异常综合征：骨髓中原始细胞不到30%，且病态造血明显。

（2）某些感染引起的白细胞异常：如传染性单核细胞增多症，血象中出现异形淋巴细胞，但形态与原始细胞不同，病程短，可治愈。百日咳、传染性淋巴细胞增多症、风疹等病毒感染时，血象中淋巴细胞增多，但淋巴细胞形态正常，病程良性。

（3）巨幼细胞贫血：巨幼细胞贫血可与急性红白血病混淆，但前者骨髓中原始细胞不增多，幼红细胞 PAS 反应为阴性。

（4）急性粒细胞缺乏症恢复期：在药物或某些感染引起的粒细胞缺乏症的恢复期骨髓中早幼粒细胞明显增加，但该症多有明确病因，血小板正常，早幼粒细胞中无 Auer 小体。

17. 如何判断急性白血病的预后？

对于 ALL，1～9 岁且白细胞<50×10^9/L 的患儿预后最好，

女性预后好于男性。年龄较大与白细胞计数较高的 ALL 患者, 预后不良。国外大宗病例研究证实, 细胞遗传学改变是决定 AML 预后的主要因素。分组如下: 预后较好组: t (15; 17), t (8; 21) 或 inv (16); 预后不良组: -5, -7 和复杂染色体核型异常。此外, ALL 患者有 t (9; 22) 且白细胞 $>25\times10^9/L$ 者, 预后差。继发于放、化疗或 MDS 的白血病、复发及有多药耐药者以及需要较长时间化疗才能缓解者, 预后均较差。合并髓外白血病者也较差。

18. 如何治疗急性白血病?

急性白血病的治疗包括一般治疗、化疗(诱导缓解、巩固和维持治疗)及庇护所白血病的治疗。

(1) 一般治疗: 紧急处理高白细胞血症、防治感染、成分输血支持治疗、防治尿酸肾病及营养支持治疗等。

(2) 化疗: ①诱导缓解: 目标是使患者迅速获得完全缓解, 化疗是此阶段的基础和主要治疗方法。②缓解后治疗: 是争取患者的长期无病生存和痊愈。其主要治疗方法是化疗和 HSCT。

19. 白血病完全缓解的标准?

是指白血病的症状和体征消失, 外周血中性粒细胞绝对数 $\geq 1.5\times10^9/L$, 血小板 $\geq 100\times10^9/L$, 白细胞分类中无白血病细胞; 骨髓中原粒细胞+早幼粒细胞(原单细胞+幼单核细胞或原淋细胞+幼淋细胞) $\leq 5\%$, M3 型除了原粒+早幼粒细胞 $\leq 5\%$, 还应无 Auer 小体, 红细胞及巨核细胞系列正常, 无髓外白血病。理想的 CR 时, 白血病的免疫学、细胞遗传学和分子生物学标志均应消失。

20. ALL 的常用诱导缓解治疗方案有哪些?

VP (长春新碱+泼尼松) 是急性淋巴细胞白血病诱导缓解的基本方案, 其他可在此基础上加蒽环类药物(如柔红霉素, DNR) 组成 DVP 方案, 再加左旋门冬酰胺酶(L-Asp) 组成 VDLP 方案。在 VDLP 的基础上加用环磷酰胺和阿糖胞苷, 可提高 T-ALL 的 CR 率和 DFS。L3 型 ALL 可采用高剂量 MTX+高剂量 CHOP 可提高缓解率。

21. ALL 的缓解后治疗？

一般需要 3 年，早期实施高剂量全身化疗联合鞘内化疗，可使 CNSL 的发病率降低。MTX、6-MP 联合是常用的维持方案。

HSCT 是治愈成人 ALL 的主要手段。异基因造血干细胞移植可使 40%～65% 的患者长期存活。

22. 什么叫复发？

是指 CR 后在身体的任何部位出现白血病细胞，以骨髓最为常见，髓外复发多见于 CNS 和睾丸。

23. 髓外复发的治疗原则？

未接受过照射的 CNSL 可采用高剂量 MTX 或 Ara-C 联合鞘内注射或照射，有照射史的患者仍可用鞘内注射，但有效性降低，同时可联合高剂量化疗。对于睾丸白血病的患者，即使仅有单侧睾丸白血病也要选择双侧照射和全身化疗。

24. 急性髓性白血病的常用诱导缓解方案有哪些？

AML 常用标准方案是 DA (3+7) 方案，其他主要是使用不同的蒽环类药与阿糖胞苷组合，如去甲氧柔红霉素＋阿糖胞苷等；高剂量阿糖胞苷对延长缓解期有效；我国用的方案还有三尖杉酯碱＋阿糖胞苷。

25. 如何进行 APL 的临床治疗？

由于 APL 临床表现的特殊性，其治疗亦与其他类型 AML 不同。
(1) 诱导缓解：
①化疗：目前已较少应用。
②维 A 酸：全反式维 A 酸对 APL 进行诱导分化的治疗，完全缓解率达 85.3%。
③砷剂：三氧化二砷治疗 APL，完全缓解率达 80% 左右。北京大学人民医院以四硫化四砷治疗 APL，初治患者完全缓解率达 100%，所需中位时间为 50 天，93.7% 的患者在服药 81 天时 t

(15;17)消失，87.5%的患者在服药101天时PML-RARα融合基因转阴。砷剂作用机制是诱导白血病细胞凋亡。

(2) 缓解后治疗：砷剂不仅有较高的缓解率，而且能使白血病得到根治。北京大学人民医院以四硫化四砷治疗获得血液学完全缓解的APL患者，6年无病生存率为87.4%。但多数研究推荐采用维A酸、化疗（蒽环类为基础的联合化疗）、砷剂交替治疗，对于改善疗效具有十分重要的意义。

(3) 复发或难治：对于多种方案治疗后反复复发或疗效差者可考虑进行造血干细胞移植。

26. 什么叫维A酸综合征？如何处理？

维A酸治疗过程中，会出现白细胞计数增高，可伴有高热、呼吸困难、肺部浸润、皮肤水肿、骨痛、胸腔积液、心包积液等症状，与细胞因子大量释放以及黏附分子表达增加有关，称之为"维A酸综合征"。治疗上包括停药、吸氧、地塞米松，白细胞单采清除以及化疗。

27. AML的缓解后治疗原则？

(1) 就诊时白细胞高、伴有髓外病变、M4/M5，t(8;21)或inv16、$CD7^+$和$CD56^+$者，应行预防性鞘内注射

(2) AML较ALL治疗时间缩短，需巩固维持2年。但APL仍应以2~3年为妥。

(3) 在有高危染色体预后组首选异基因HSCT，对于有良好染色体预后组，可在复发后再行异基因HSCT；对于中危染色体预后组和正常核型组，高剂量化疗及异基因HSCT均可。

四、慢性髓性白血病

1. 什么叫费城染色体？

费城染色体即Ph染色体，由9号及22号染色体间相互易位而形成，即t(9;22)(q34;q11)，9号染色体长臂上C-abl原癌基因易位至22号染色体长臂的断裂点集中区（bcr）形成bcr/abl

融合基因，它所编码的 P210/P190 蛋白具有超正常的酪氨酸激酶活性，可干扰一系列的细胞增殖与凋亡信号，从而导致白血病的发生。Ph 染色体除见于 95% 以上的慢性髓性白血病患者（多表达 P210 蛋白）以外，还可见于 20%~40% 的成人急性淋巴细胞白血病（P190 蛋白）与少部分急性髓性白血病。

2. 慢性髓性白血病的临床表现有哪些特点？

各年龄均可发病，中年最多见，男多于女。起病缓慢，早期常无自觉症状而查体时意外发现血象异常或脾大而确诊。

3. 慢性髓性白血病应与哪些疾病相鉴别？

（1）类白血病反应：类白血病反应常并发于严重的感染、恶性肿瘤等疾病，白细胞可高达 $50 \times 10^9/L$，但类白血病反应有各自的病因和临床表现，原发病控制后，反应随即消失，脾大不如慢性髓性白血病明显，粒细胞中常可见中毒颗粒和空泡，嗜碱粒细胞和嗜酸粒细胞不增多，NAP 反应强阳性，Ph 染色体阴性。

（2）其他原因引起的脾大：血吸虫病、慢性疟疾、黑热病、肝硬化、脾功能亢进等均有脾大，但各病均有原发病的临床特点，血象及骨髓象无慢性粒细胞性白血病的改变，Ph 染色体阴性。

（3）骨髓纤维化：原发性骨髓纤维化症脾大显著，血象中白细胞增多并出现幼粒细胞等，但骨髓纤维化外周血白细胞数一般比慢性粒细胞性白血病少，多不超过 $30 \times 10^9/L$，NAP 阳性，此外幼红细胞持续出现于血中，红细胞形态异常，泪滴状红细胞易见，Ph 染色体阴性。

4. 慢性髓性白血病的病程如何分期？

慢性髓性白血病整个病程分为三期，即慢性期、加速期和急变期。

5. 如何判断慢性髓性白血病进入加速期？

慢性髓性白血病进入加速期时有如下特点：①外周血或骨髓中原始细胞超过 10%；②外周血嗜碱性粒细胞超过 20%；③除 Ph 染

色体外出现其他染色体异常；④粒-单系祖细胞集落培养，集簇增加而集落减少；⑤持续血小板减少或增高；⑥发生骨髓纤维化。

6. 慢性髓性白血病慢性期如何治疗？

（1）白细胞淤滞症的紧急处理：白细胞单采，并用羟基脲，并进行大量水化及碱化。

（2）化学治疗：单一药物化疗，首选为羟基脲，还可选用马利兰、靛玉红或高三尖杉酯碱等，都不能消除 Ph 染色体，也不能防止加速和急变。

（3）干扰素（IFNa）：IFNa 可使 70% 患者达到血液学缓解，还可使 30%～40% 患者达到细胞遗传学缓解，10%～20% 患者达到 PCR-bcr/abl 融合基因转阴，延长患者的中位生存期。

（4）酪氨酸激酶抑制剂（如甲磺酸伊马替尼）：甲磺酸伊马替尼是直接靶向白血病基因产物（bcr/abl 融合基因）的药物，使酪氨酸残基不能磷酸化，从而抑制 BCR-ABL 阳性细胞的增殖。对于 CML 慢性期患者可获得 95% 的完全血液学缓解率 CHR 率和 60%～80% 的细胞遗传学缓解率。

（5）异基因造血干细胞移植：目前认为异基因造血干细胞移植是彻底治愈 CML 的唯一手段。CML 第一次慢性期采用异基因造血干细胞移植的治愈率为 60%～70%。

7. 慢性髓性白血病加速期如何治疗？

CML 进展为加速期后，多数治疗（加大以往药物的剂量或换用其他药物）可以取得不同程度的血液学反应或再次回到慢性期，但有效率不足 50%，且缓解持续时间短暂，遗传学有效率微乎其微。甲磺酸伊马替尼的血液学疗效＞60%，优于以往的药物，并可取得＞20% 的细胞遗传学缓解。在加速期进行造血干细胞移植效果比慢性期差。

8. 慢性髓性白血病急变期如何治疗？

进入急变期后，根据急变的类型，采用与急性白血病相似的方案治疗，血液学疗效为 20%～40%，缓解期短暂，预后极差，生存期小于 3~6 个月。也可应用甲磺酸伊马替尼，血液学疗效 30%~50%，细胞遗传学缓解率为 12%，同样，缓解期短暂。急变后进行造血干细胞移植效果极差。对于重回慢性期者，其效果同 AP。

五、慢性淋巴细胞白血病（CLL）

1. CLL 临床表现？

患者多为老年，男性略多于女性。起病十分缓慢，往往无自觉症状。早期症状可出现乏力、疲倦，后期可出现食欲减退、消瘦、低热、盗汗以及贫血等症状。常以淋巴结肿大首先引起患者注意，偶因淋巴结压迫胆道以及输尿管而出现阻塞症状。50%~70%的患者出现轻至中度脾大，轻度肝大，但胸骨压痛少见。晚期患者可出现贫血、血小板减少，皮肤黏膜紫癜。T-CLL 可出现皮肤增厚、结节以及全身红皮病。由于免疫功能减退，常易合并感染。约 8% 的患者可并发自身免疫性溶血性贫血。

2. CLL 的实验室检查有何特殊之处？

（1）血象：持续淋巴细胞增多。白细胞 $>10\times10^9/L$，其中淋巴细胞占 50%以上，以小淋巴细胞为主。中性粒细胞百分率降低，随着病情进展，出现血小板及 Hb 下降。

（2）骨髓象：有核细胞增生活跃，以成熟淋巴细胞为主，淋巴细胞 $\geqslant$40%

（3）免疫分型：大多数来源于 B 细胞，SmIg 弱阳性，表达 CD5、CD19、CD20、CD21，而 CD10、CD22 阴性。少数来源于 T 细胞，表达 CD2、CD3、CD8/CD4

（4）抗人免疫球蛋白试验阳性，但有明显溶血性贫血者仅 8%。

（5）染色体：13q-及正常核型预后较好，其他预后较差的核型有+12、11q-、17p-，其他还有 6q-。

（6）基因突变：IgV 区基因可有突变。并与 CD38 表达负相关，约有 17%存在 p53 缺失。

3. CLL 需要鉴别的疾病有哪些?

需与以下疾病鉴别：

病毒感染引起的淋巴细胞增多：是多克隆和暂时的，随着感染的控制会逐渐下降。

幼淋细胞白血病：脾大明显，淋巴结肿大较少，白细胞数往往很高，表达 FMC7、CD22、SmIg，而 CD5 阴性。

毛细胞白血病：全血细胞减少伴脾大，部分呈白细胞增高，细胞有纤毛状胞浆突出物，酒石酸抵抗的酸性磷酸酶染色反应阳性，CD5 阴性，高表达 CD25、CD11C、CD103。

伴循环绒毛淋巴细胞的脾淋巴瘤：为原发于脾的一种恶性淋巴瘤，多发生于老年人，脾大明显，血和骨髓中可出现数量不等的绒毛状淋巴细胞，免疫标志为：CD5、CD25、CD11C、CD103 阴性，CD22、CD24 阳性，脾切除有效。

4. CLL 的 Binet 分期

分为 A、B、C 三期：A 期血和骨髓中淋巴细胞增多，但淋巴结肿大区域<3 个；B 期血和骨髓中淋巴细胞增多，淋巴结肿大区域≥3 个；C 期除与 B 期相同外，尚出现贫血（男性血色素<120g/L，女性<110g/L）或血小板减少（<$100×10^9$/L）。

5. 开始化疗的指征是什么?

出现以下情况时应开始化疗：①体重减少≥10%、极度疲乏、发热（>38℃）>2 周；②进行性脾大；③淋巴结肿大：直径大于 10cm 或进行性肿大；④进行性淋巴细胞增生：2 个月内增加>50%，或倍增生时间<6 个月；⑤自身免疫性溶血性贫血和血小板减少对糖皮质激素的治疗反应差；⑥骨髓进行性衰竭：贫血和（或）血小板减少出现或加重；⑦C 期患者。

6. 如何治疗慢性淋巴细胞白血病?

CLL 的早期一般不予任何治疗，只需观察病情发展情况。目前，对 CLL 的治疗方法一般仅能达到改善造血机能及缓解临床症

状,延长患者生命,彻底治愈比较困难。常用的治疗方法如下:

(1) 化疗:苯丁酸氮芥(瘤可宁)为首选,环磷酰胺一般用于对苯丁酸氮芥不敏感和耐药者。也可采用 COP、CHOP 等方案联合化疗。

(2) 放射治疗:仅用于淋巴结肿大发生压迫症状或化疗后淋巴结、脾、扁桃体缩小不满意者。

(3) 生物治疗:干扰素(INFα)对低危患者有效率达 50%。

六、浆细胞病

1. 多发性骨髓瘤有哪些临床表现?

(1) 骨髓瘤细胞对骨骼和其他组织器官浸润与破坏所引起的临床表现:①骨骼破坏骨质疏松甚至溶骨性破坏,可发生自发性骨折,骨痛,局部肿块;②髓外浸润:可有肝、脾、淋巴结及肾脏等受累器官肿大;孤立性骨髓瘤可见于软组织,称为髓外骨髓瘤;神经浸润以胸腰椎破坏压缩、压迫脊髓所致截瘫为多见,其次为神经根损害,浸润脑膜可出现脑神经瘫痪;③可发展为浆细胞白血病,大多数 IgA 型,症状同急性白血病,外周血浆细胞大于$2.0\times10^9/L$;④孤立型病变:仅见于软组织,称髓外骨髓瘤。

(2) 血浆蛋白异常引起的临床表现:①感染;②高黏滞综合征;③出血倾向;④淀粉样变性和雷诺现象。

(3) 肾功能损害:表现为蛋白尿、管型尿甚至急性肾衰竭。

2. 为什么多发性骨髓瘤可引起肾功能损害?哪种类型最易发生肾损害?

多发性骨髓瘤引起肾功能损害可能通过以下机制:

(1) 游离轻链(本-周蛋白)被近曲肾小管吸收后沉积在上皮细胞浆内,使肾小管细胞变性,功能受损,如蛋白管型阻塞则导致肾小管扩张。

(2) 高血钙引起多尿及少尿。

(3) 尿酸过多,沉积在肾小管,导致高尿酸血症肾病。

3. 为什么多发性骨髓瘤患者血钙增高？

多发性骨髓瘤血钙增高的原因有：①异常免疫球蛋白与钙离子结合；②骨质破坏后钙离子的释放；③远端肾小管对钙离子的重吸收增加。

4. 多发性骨髓瘤可有哪些异常实验室指标？

（1）血象：贫血，血沉显著增快，红细胞在血片上排列成钱串状。当骨髓瘤细胞在血中大量出现超过 $2\times10^9/L$ 者称为浆细胞白血病。

（2）骨髓：主要为异常浆细胞增生，至少占有核细胞数的15%，并伴有质的改变。骨髓瘤细胞大小形态不一，成堆出现。

（3）血液生化检查：①异常球蛋白血症：血清电泳可见一染色浓而密集单峰突起的 M 蛋白，1% 为不分泌型骨髓瘤；②血钙、磷测定：高钙、高磷血症；③血清 β_2 微球蛋白及血清乳酸脱氢酶活力均高于正常；④尿和肾功能测定：90% 患者有蛋白尿，血清尿素氮和肌酐可升高，约半数患者尿中出现本周蛋白 $>1g/24h$；⑤白细胞介素 6 和 C-反应蛋白可以呈正相关，并反映疾病的严重程度。

（4）X 线检查：早期为骨质疏松；典型病变为圆形、边缘清楚如凿孔样的多个、大小不等溶骨性损害；病理性骨折。

（5）γ 骨显像可早期发现骨病变。

5. 如何诊断多发性骨髓瘤？

诊断多发性骨髓瘤的依据是：
（1）骨髓中浆细胞 $>15\%$，且有形态异常。
（2）血清中有大量的 M 蛋白或尿中本-周蛋白 $>1g/24h$。
（3）溶骨病变或广泛的骨质疏松。

诊断 IgM 型时，一定要具备 3 项，仅有（1）、（3）两项者属不分泌型，仅有（1）、（2）两项者需除外反应性浆细胞增多及意义未明单克隆免疫球蛋白血症。

6. 多发性骨髓瘤应与哪些疾病相鉴别?

(1) 反应性浆细胞增多症：可由慢性炎症、伤寒、系统性红斑狼疮、肝硬化、转移瘤等引起，浆细胞一般不超过15%且无形态异常，反应性浆细胞的免疫表型为：$CD38^+$、$CD56^-$，与骨髓瘤细胞 $CD38^+$、$CD56^-$ 不同，IgH 基因克隆性重排阴性且不伴有 M 蛋白。

(2) 巨球蛋白血症：本病系骨髓中淋巴样浆细胞大量克隆性增生所致，M 蛋白为 IgM，无骨质破坏，与 IgM 型多发性骨髓瘤不同。

(3) 意义未明的单克隆免疫球蛋白血症：除有 M 蛋白外并无临床表现，即无骨骼病变，骨髓中浆细胞增多不明显，单克隆免疫球蛋白一般少于 10g/L，且历数年而无变化，血清 $β_2$ 微球蛋白正常，个别在多年后转化为骨髓瘤或巨球蛋白血症。

(4) 反应性单克隆免疫球蛋白增多症：偶见于慢性肝炎、自身免疫病、淋巴瘤、白血病等；蛋白尿也偶见于淋巴瘤、白血病和癌肿患者，这些病均无克隆性骨髓瘤细胞增生。

(5) 骨转移瘤：可有骨痛和骨质破坏，但后者在成骨的过程中，骨缺损周围有骨密度增加，常伴血清碱性磷酸酶增高，与骨髓瘤的凿孔样溶骨改变不同，骨髓涂片检查发现成堆的瘤细胞或发现原发病灶，将有助于鉴别。

(6) 老年性骨质疏松、肾小管酸中毒及甲状旁腺功能亢进。

7. 多发性骨髓瘤 (MM) 如何进行分型?

骨髓瘤的分型：依照增多的异常免疫球蛋白型可分 8 型：IgG 型、IgA 型、IgD 型、IgM 型、IgE 型、轻链型、双克隆型（双克隆型的免疫球蛋白可属于同一类型，也可以不同类型，其轻链可相同、也可不同）、不分泌型，其中 IgG 占 52%，IgA 占 21%，轻链型占 11%，其他类型比例较低。

8. 轻链型多发性骨髓瘤有何特点?

轻链型多发性骨髓瘤约占 11%。血清蛋白电泳无 M 成分，血和尿免疫电泳可检测出大量的单克隆免疫球蛋白轻链，尿本-周蛋白阳性，骨质破坏及肾功能损害严重。

9. 如何治疗多发性骨髓瘤？

（1）支持治疗：包括输血、防治感染、缓解骨痛、保护肾功能以及针对高黏滞综合征及高钙血症的治疗。

（2）化疗：对初治病例可采用 MP 方案，如果 MP 方案无效或缓解后又复发者，作为难治病例，可使用 VAD 或 M2 方案。

（3）骨质破坏的治疗：二磷酸盐有抑制破骨细胞的作用；放射性核素内照射，可抑制骨损害，减轻病痛。

（4）难治和复发病例的治疗：多采用 VAD 方案或大剂量马法兰（HDM）方案治疗；沙利度胺（反应停）、砷制剂有抑制新生血管生长的作用，近年来，治疗多发性骨髓瘤取得了一定的疗效；近年来，已经应用于临床的蛋白酶体抑制剂，可抑制蛋白酶体的糜蛋白酶活性，诱导多种骨髓瘤细胞株及骨髓瘤细胞的凋亡，显示了较好的临床疗效。

（5）维持治疗：应用干扰素 α。化疗合并干扰素 α 可提高缓解率和延长缓解期。近来，干扰素 α 联合小剂量沙利度胺（200～300mg/d）用于维持治疗的研究也在开展。

（6）造血干细胞移植：包括自体和异基因造血干细胞移植。

10. 什么是浆细胞白血病？

当外周血白细胞分类浆细胞高于 20% 或绝对计数高于 2×10^9/L 时即成为浆细胞白血病，此病占多发性骨髓瘤的 1%～2%，临床特征除外周血浆细胞增多和广泛内脏器官受累外，其他特征类似于多发性骨髓瘤。浆细胞白血病可分为两型：继发性浆细胞白血病和原发性浆细胞白血病，继发性者常出现于多发性骨髓瘤晚期。

七、淋巴瘤

1. 我国的淋巴瘤流行病学有何特点？

我国经标准化后，淋巴瘤的总发病率，男性为 1.39/10 万，女性为 0.84/10 万，男性发病率明显多于女性，两性发病率明显低于欧美各国及日本，死亡率为 1.5/10 万；占所有恶性肿瘤死亡率的第 11 位；任何年龄均可发病，但以青年人多见，约占 50%；与欧美相比，霍奇金病（HL）的发病率较低（占淋巴瘤的 8%～11%，而欧美为 25%），非霍奇金淋巴瘤（NHL）的发病率明显高于欧美；在 NHL 的病理类型中，T 细胞淋巴瘤及结外淋巴瘤的发病率较高，滤泡型少见。

2. 淋巴瘤的病因：

不清楚，但病毒学说受重视。

（1）病原体：

EB 病毒：80%Burkitt 淋巴瘤的血清中，有 EB 病毒的抗体；20%HL 的 R-S 细胞中可找到 EB 病毒，已证实从 EB 病毒感染到 HL，一般需要 4 年的时间；

HTLV-Ⅰ病毒：是一种逆转录病毒，被证实是成人 T 细胞白血病/淋巴瘤的病因；

HTLV-Ⅱ病毒：与 T 细胞皮肤淋巴瘤（蕈样肉芽肿）的发病有关；

Kaposi 肉瘤病毒：是原发于体腔的淋巴瘤的病因；

幽门螺杆菌：是胃黏膜相关性淋巴组织（MALT）淋巴瘤的病因。

（2）免疫功能低下：近年来发现，遗传性或获得性免疫缺陷患者伴发淋巴瘤较正常人为多，器官移植后，长期应用免疫抑制剂而发生恶性肿瘤者，其中 1/3 为淋巴瘤，干燥综合征患者中淋巴瘤的发生率比一般人高。

3. 淋巴瘤常用的分型有哪些？

HL 的分型常用 1965 年 Rye 会议分型：①淋巴细胞为主型；②结节硬化型；③混合细胞型；④淋巴细胞削减型。

NHL 的分型多用 1982 年美国国立癌症研究所制定的国际工作分类（IWF）：①低度恶性；②中度恶性；③高度恶性；④不能分型及其他。

目前 NHL 的最新分型是 2000 年 WHO 分型，它是以细胞形态学、免疫分型、细胞遗传学为基础进行分类，并对一些难以分型的类型进行了阐述。主要分为：①B 细胞疾病：原始 B 细胞肿瘤、成熟（外周）B 细胞肿瘤；②T 细胞和 NK 细胞：原始 T 细胞肿瘤、成熟（外周）T 细胞肿瘤。

4. 什么叫 R-S 细胞？

R-S 细胞（Reed-Sternberg cell），又译为里-斯细胞，对诊断 HL 有帮助。R-S 细胞大小不一，约 $20\sim60\mu m$，多数较大，形态极不规则。胞浆嗜双色性，核外形不规则，可呈"镜影状"，也可多叶或多核，偶有单核，核染质粗细不等，核仁可大达核的 1/3。结节硬化型 HL 中 R-S 细胞由于变形，浆浓缩，两细胞核之间似有空隙，称为腔隙型 R-S 细胞。骨髓浸润大多由血源播散而来，骨髓穿刺涂片阳性率仅 3%，但活检法可提高至 9%～22%。

5. 淋巴瘤是如何分期的？

按照 Ann Arbor（1966 年）提出的 HL 临床分期方案（NHL 也参照使用）分成 I～IV 期：

I 期：病变仅限于 2 个淋巴结区（I）或单个结外器官局部受累（IE）。

II 期：病变累及横膈同侧 2 个或更多的淋巴结区（II），或病变局限侵犯淋巴结以外器官及横膈同侧 1 个以上淋巴结区（IIE）。

III 期：横膈上下均有淋巴结的病变（III）。可伴脾累及（IIIS）、结外器官局限受累（IIIE），或脾与局限性结外器官受累（IIISE）。

IV 期：1 个或多个结外器官受到广泛性或播散性侵犯，伴或不伴淋巴结肿大。肝或骨髓只要累及均属 IV 期。

累及的部位可采用下列记录符号：E：结外；X：直径 10cm 以上的巨块；M：骨髓；S：脾；H：肝；O：骨骼；D：皮肤；P：胸膜；L：肺。

每个临床分期按全身症状的有无分为 A、B 两组，无症状者为 A，有症状者为 B。全身症状包括三方面：①发热 38℃以上，连续 3 天以上，且无感染的原因；②6 个月内体重减轻 10%以上；③盗汗：即入睡后出汗。

6. 淋巴瘤应与哪些疾病相鉴别？

（1）局部淋巴结的肿大：要除外淋巴结炎、恶性肿瘤的转移；

（2）以发热为主要表现的淋巴瘤，须与结核病、败血症、结缔组织病、坏死性淋巴结炎和恶性组织细胞病鉴别；

（3）结外淋巴瘤：须与相应器官的其他恶性组织细胞病鉴别；

（4）R-S 细胞：在传染性单核细胞增多症、结缔组织病及其他恶性肿瘤可见到，在缺乏其他临床资料的情况，单独见到 RS 细胞不能确诊 HL。

7. 霍奇金淋巴瘤（HL）与非霍奇金淋巴瘤（NHL）各有何特点？

霍奇金与非霍奇金淋巴瘤的特点

项目	HL	NHL
疾病单元	单一疾病	一组疾病
瘤细胞	R-S 细胞，瘤细胞较少	各类别、各阶段的淋巴细胞、组织细胞、瘤细胞较多
反应性成分在瘤组织中所占比例	较大	较小
原发部位	结内常见	结外占 1/3
疾病范围	常局限于结内	常侵及结外
播散方式	邻近淋巴结播散	跳跃性播散
病程	进展较慢	除低度恶性外，中、高度恶性进展较快

续表

项目	HL	NHL
侵犯部位		
韦氏环	少见	多见
纵隔	常见，约占50%	不常见
胃肠道	罕见	常见
腹块	不常见	常见
肠系膜淋巴结	不常见	常见
肝	不常见	常见
脾	常见	不常见
中枢神经系统	罕见	可见
骨髓或发生白血病	少见	常见
皮肤	罕见	可见
全身衰弱	少见	多见
治疗效果	比较恒定	由于恶性程度不同而差异较大
预后	较好，已属于可治疗的肿瘤	因恶性程度不同而异

8. HL 的预后因素有哪些？

影响 HL 患者的预后因素主要有以下各项：①年龄；②性别；③病理；④分期；⑤全身症状：伴有全身症状的患者预后比无全身症状者差；⑥其他：伴有巨大纵隔肿瘤、多发结外病变、高乳酸脱氢酶（LDH）血症、贫血、低蛋白血症等时往往预后不良。

9. HL 如何进行整体治疗？

HL 病治疗方案的选择必须依照正确的分期来进行；国际公认的原则是，IA、IIA 的患者，以放疗为主，通常采用扩大照射，膈上用"斗蓬式"，膈下用倒"Y"字式，剂量 30～40Gy，3～4 周为一疗程；IB、IIB 和 III-IV 期的患者，即使纵隔有大肿块或属淋巴细胞消减型者，均应采用化疗，化疗至少用 6 个疗程，或一直用至缓解，再额外给 2 个疗程；对于巨大肿块或化疗后残留的肿块，可加用局部放疗；对于 HL 复发或难治的患者，可考虑大剂量化疗或造血干细胞移植。

10. HL 的主要化疗方案是什么？有哪些副作用？

① MOPP 方案：1963 年 DeVita 首先用于治疗 HL 患者，方案组成：

氮芥（M）$4mg/m^2$，静脉，第 1 及第 8 天；

长春新碱（O）$1\sim2mg$，静脉，第 1 及第 8 天；

甲基苄肼（P）$70mg/(m^2 \cdot d)$，口服，第 $1\sim14$ 天；

泼尼松（P）$40mg/d$，口服，第 $1\sim14$ 天。

注明：如氮芥改为环磷酰胺 $600mg/m^2$，静注，即为"COPP"方案，疗程间休息 2 周。

MOPP 方案 的主要副作用是对生育功能的影响及引起继发性肿瘤。

② ABVD 方案：

阿霉素（A）$25mg/m^2$；

博莱霉素（B）$10mg/m^2$；

长春新碱（V）$6mg/m^2$；

甲氮咪胺（D）$375mg/m^2$。

均在第 1 及第 15 天静脉注射一次，疗程间休息 2 周。

ABVD 方案，对生育功能影响小，不引起继发性肿瘤，故为首选方案，但该方案的化疗毒性比 MOPP 方案大，尤其对心脏的副作用，死亡率也相应高。

11. NHL 的预后因素有哪些？

1992 年提出的淋巴瘤国际预后指标（international prognostic index，IPI）认为 NHL 的预后因素有年龄、分期、结外病变数、体能状态和血清 LDH 水平，依据具体的 IPI 指数，将患者分为低危、低中危、高中危及高危组，其中低危组 5 年生存率 73%，而高危组仅有 26%。

12. 非霍奇金淋巴瘤的治疗原则是什么？

(1) 惰性淋巴瘤：即为低度恶性淋巴瘤。因病情发展较慢，放化疗有效，但不易缓解。该组 I 期和 II 期患者，经放疗或化疗治疗后，生存可达 10 年，部分患者有自发性肿瘤消退；III、IV 患者，化疗后仍会复发，但中位生存期也可达 10 年，故主张姑息性治疗原则，尽可能推迟化疗，如病情有所发展，可单独给予苯丁酸氮芥、环磷酰胺等药物治疗，联合化疗可用 COP、CHOP 方案，治疗试验表明，无论是苯丁酸氮芥或联合化疗、强烈化疗，均不能改善患者的生存率。用于治疗惰性淋巴瘤的药物还有：氟达拉宾 (fludarabine)、克拉屈滨 (cladribine)、喷司他丁 (pentostatine) 等。

(2) 侵袭性淋巴瘤：不论分期，均应以化疗为主，对化疗残留肿块、局部巨大肿块或中枢神经系统累及者，可行局部放疗，扩大照射 (25Gy) 作为化疗的补充，化疗以 CHOP 为主，不能少于 6 个疗程，对恶性程度高者，可选用更强的化疗方案，如：m-BACOB、COP-BLAM 等，但因毒性过大，不适合老年及体弱者。Burkitt 淋巴瘤可考虑应用大剂量 CTX 组成的化疗方案，对全身广泛布散的淋巴瘤或有白血病发展倾向者或已转成白血病者，可试用治疗急性淋巴细胞白血病的化疗方案，如：VDLP 方案，ESHAP 方案对复发 NHL 缓解率为 30%。

13. 抗 CD20 的单克隆抗体在淋巴瘤的治疗中有何意义？

抗 CD20 的单克隆抗体——Rituximab（利妥昔单抗）是一种人-鼠嵌合型单克隆抗体，主要通过抗体的细胞毒作用 (ADCC) 和补体依赖的细胞毒作用 (CDC) 启动细胞凋亡。美罗华在治疗 CD20+的 B 细胞性低度恶性淋巴瘤有明显疗效。复发或早期化疗失败者采用美罗华治疗，与化疗 (CHOP 或 FCM 等方案) 合用疗效更好。还可作为淋巴瘤的维持治疗。

第三章 出血性疾病

一、总论

1. 在正常的止血机制中有哪几个重要因素?

在正常的止血机制中,有三个重要因素:血管、血小板和凝血因子。

2. 血管在凝血中起什么作用?

人体对出血最早的生理性反应是局部血管发生收缩,破损伤口缩小或闭合。血管受损后基底胶原暴露,激活因子Ⅻ(FⅫ),启动内源性凝血。同时内皮细胞表达并释放血管性血友病因子(vWF)、组织因子(TF)、组织型纤维蛋白溶酶原激活剂(t-PA),激活相应的外源凝血、纤溶系统。

3. 血小板在凝血中起什么作用?

血小板在止血过程中作用如下:①形成血小板血栓,机械性修复受损血管;②分泌有强烈收缩血管、诱导血小板聚集的介质;③释放血小板第3因子(PF_3),直接参与凝血反应;④活化的血小板,直接激活FⅫ及FⅪ,启动内源性凝血途径。

4. 体内有哪些抗凝物质?它们如何使凝血和抗凝之间保持动态平衡?

体内的抗凝物质主要由四个系统组成:

(1) 抗凝血酶(AT):既往称抗凝血酶-Ⅲ(AT-Ⅲ),是人体内最重要的抗凝物质,约占血浆生理性抗凝活性的5%。AT生于肝及血管内皮细胞,主要功能是灭活FⅩa及凝血酶,对其他丝氨酸蛋白酶如FⅨa、Ⅺa、Ⅻa等有一定灭活作用,其抗凝活性与肝素密切相关。

(2) 蛋白C系统:由蛋白C(PC)、蛋白S(PS)及血栓调节蛋白(TM)等组成。PC、PS为维生素依赖性因子,在肝内合成。

TM 则主要存在血管内皮细胞表面，现证实它是内皮细胞表面的凝血酶受体。凝血酶与内皮细胞表面的 TM 以 1∶1 形成复合物，裂解 PC，形成活化的 PC（APC），APC 以 PS 为辅助因子，通过灭活 FV 及 FVIII 而发挥抗凝作用。

（3）组织因子途径抑制物（TFPI）：为一种对热稳定的糖蛋白。内皮细胞可能是其主要生成部位。TFPI 的抗凝机制为：①直接对抗 FXa；②在 Ca^{2+} 存在的条件下，有抗 TF/FVIIa 复合物的作用。

（4）肝素：为硫酸黏多糖类物质。主要由肺或肠黏膜肥大细胞合成。抗凝作用主要表现为抗 FXa 及凝血酶。

5. 体内的纤溶系统由哪些部分组成，如何被激活？

（1）纤溶系统主要组成包括：①纤溶酶原（PLG）；②组织型纤溶酶原活化剂（t-PA）；③尿激酶型纤溶酶原激活剂（u-PA）；④纤溶酶相关抑制物。

（2）纤溶系统通过两条途径激活：①内源性途径。②外源性途径。

6. 出血性疾病如何分类？

按病因及发病机制，出血性疾病可分为：①血管壁异常；②血小板异常；③凝血异常；④抗凝及纤溶异常；⑤复合性止血机制异常。

7. 出血性疾病询问病史时应注意些什么？

询问病史，重点注意以下几点：

（1）出血部位：黏膜部位的出血，是血小板质或量异常的特征。紫癜与血小板减少有关且经常提示有系统性疾病。发生在关节腔和潜在空腔的出血，常常与凝血因子缺乏有关。黏滞与窦腔出血同时存在提示有 DIC 一类疾病，此时血小板和凝血因子异常同时存在。

（2）发病年龄：从小发病或出生时脐带出血提示先天性疾病。

（3）家族史：病人和其他家族成员有无不正常的出血以及在拔

牙、手术或创伤后有无过多的出血发生，特别要问清楚父系、母系和近亲家族成员中有无类似疾病。

（4）既往史及药物使用史：许多异常出血的病人患有获得性疾病。询问是否有肝脏疾病或药物（特别是乙醇、阿司匹林、非甾体类抗炎药、华法林、抗体和其他含有阿司匹林的药物）使用史。

8. 对凝血因子缺陷的初筛试验结果如何进行判断？

凝血因子缺陷的初筛试验包括凝血酶原时间（PT）、凝血酶时间（TT）和部分凝血活酶时间（APTT）。PT 延长，TT 和 APTT 正常见于因子Ⅶ缺乏症；PT、TT 正常，APTT 延长见于内源性凝血途径异常，即因子Ⅷ、Ⅸ、Ⅺ或Ⅻ缺乏；PT 和 APTT 都延长而 TT 正常可见于内、外源性凝血因子都异常或因子Ⅱ、Ⅴ、Ⅹ缺乏；PT 和 APTT 都正常而 TT 延长则可能为纤维蛋白原明显减少、纤溶亢进或有类肝素抗凝物质存在。

二、血管性紫癜

（一）血管性止血异常包括哪些疾病？

血管性止血异常包括：①先天性或遗传性：如遗传性出血性毛细血管扩张症、家族性单纯性紫癜、先天性结缔组织病等。②获得性：如败血症、过敏性紫癜、药物性紫癜、维生素 C 及 P 缺乏症、糖尿病、Cushing 病、结缔组织病、动脉硬化、机械性紫癜和体位性紫癜等。

（二）过敏性紫癜

1. 过敏性紫癜常见的原因有哪些？

过敏性紫癜常见的病因有：

（1）感染：是最常见的原因，包括：细菌、病毒、肠道寄生虫感染等。

（2）食物：人体对食物中某些蛋白过敏所致。

（3）药物：①抗生素类；②解热镇痛药；③其他如磺胺类、阿托品、异烟肼及噻嗪类利尿药等。

（4）其他：花粉、尘埃、菌苗或疫苗接种、虫咬、受凉及寒冷刺激等。

2. 过敏性紫癜如何分型？

依其症状和体征的不同，可分为如下几种类型：

①单纯型（紫癜型）；②腹型（Henoch）；③关节型（Schonlein型）；④肾型；⑤混合型；⑥其他。

3. 单纯型过敏性紫癜的皮疹有何特点？

单纯型过敏性紫癜的特点为对称分布、分批出现，下肢及臀部最多。紫癜大小不等，初呈深红色，按之不退，后期可融合成片，形成淤斑。严重者出现大血疱，中心坏死。可同时伴有皮肤水肿、荨麻疹。数日内紫癜变色消退。

4. 过敏性紫癜应与哪些疾病鉴别？

过敏性紫癜主要与血小板减少性紫癜鉴别，由于过敏性紫癜的血小板计数、功能和凝血实验正常，鉴别较容易。在表现为腹型、关节型和肾型的病人，需要分别与外科急腹症、风湿性关节炎、肾小球肾炎和系统性红斑狼疮鉴别。有典型紫癜表现，同时结合多数临床生化检查正常，不难鉴别。

5. 过敏性紫癜如何正确治疗？

对于过敏性紫癜治疗主要是祛除病因，避免服用可疑致敏的药物和食物。轻症病人可用抗组胺药物治疗。如果症状严重伴明显腹痛或关节痛者，可用泼尼松或地塞米松减轻血管炎和组织水肿，但不能防止复发和肾脏损伤。用肾上腺皮质激素治疗效果不佳时，可加用免疫抑制剂，如硫唑嘌呤或环磷酰胺。另外，中药对过敏性紫癜的治疗也有效，如紫草对单纯型的效果较好。

三、血小板数量及质量异常

1. 什么叫特发性血小板减少性紫癜？

特发性血小板减少性紫癜（idiopathic thrombocytopenic purpura，ITP），又称为自身免疫性血小板减少性紫癜（AITP），是血小板被免疫性破坏、外周血中血小板减少的出血性疾病。ITP在临床上以出血、血小板减少、骨髓巨核细胞发育成熟障碍、血小板生存时间缩短及抗血小板自身抗体出现为特征。

2. 特发性血小板减少性紫癜可能的病因和发病机制有哪些？

特发性血小板减少性紫癜根据病程和预后分为急性和慢性特发性血小板减少性紫癜，两者的病因和发病机制有所不同。急性特发性血小板减少性紫癜发病前常有病毒感染史。可能的发病机制是：病毒感染时，体内产生的与病毒抗原有关的抗体与血小板膜发生交叉反应，血小板受到非特异性损伤，并被单核巨噬细胞系统吞噬而清除；或抗体与相应抗原形成免疫复合物，附着于血小板表面而导致损伤。

慢性特发性血小板减少性紫癜：目前认为其病因与发病机制可能与以下因素有关：①自身免疫因素：产生抗血小板抗体而自身损伤。②细胞免疫功能失调：Th/Ts比值显著低于正常对照。③遗传因素，HLA-DRW9及HLA-DQW阳性，说明ITP的发生可能受基因调控。④雌激素变化：ITP多见于育龄期女性，提示可能与雌激素有某种关系。

3. 如何鉴别急性和慢性特发性血小板减少性紫癜？

ITP分为急性和慢性两型，鉴别要点见下表。

急性 ITP 和慢性 ITP 的鉴别要点

	急性型	慢性型
发病年龄	2～6 岁	20～40 岁
性 别	无	女性多见
病前感染史	1～3 周前常有	少有
起 病	急	缓慢
皮肤黏膜出血	严重时有	一般少见
内脏出血	较多见	少见
血小板计数	常 $<20\times10^9/L$	$(30～80)\times10^9/L$
嗜酸粒细胞增多	常见	少见
淋巴细胞增多	常见	少见
巨核细胞	数量正常或增多，不成熟型较多	数量正常或明显增多，产生血小板的巨核细胞少或缺如
病 程	2～6 周，通常不超过 6 个月	可迁延数月至数年
自发缓解	80%	偶见
疗效	糖皮质激素疗效好	中药、糖皮质激素、切脾、免疫抑制剂，可反复发作

4. 特发性血小板减少性紫癜与免疫性疾病的关系如何？

特发性血小板减少性紫癜是一种与自身免疫相关的疾病，一些自身免疫性疾病如系统性红斑狼疮（SLE）、Evans 综合征等，由于自身抗体的作用而导致血小板减少。有人发现约有 2% 的 ITP 病人最终发展为系统性红斑狼疮，与 HLA - DR_2 密切相关可能是 ITP 和与免疫性疾病有密切关系的原因之一。但是，一旦确诊有自身免疫性疾病，血小板减少就被视为自身免疫疾病的血液系统表现，而不诊断 ITP。

5. 特发性血小板减少性紫癜应与哪些疾病鉴别？

在特发性血小板减少性紫癜的诊断中首先应排除继发性血小板减少症，如再生障碍性贫血、急性白血病、脾功能亢进以及自身免疫性疾病（如系统性红斑狼疮和 Evans 综合征）。

6. 什么叫继发性血小板减少性紫癜？有哪些因素可导致继发性血小板减少？

继发性血小板减少性紫癜是由于存在基础疾病或诱因导致血小板减少的出血性疾病。

引起血小板减少的常见原因有下列 5 种：

（1）物理或化学因素：常见的有放射性核素、苯、磺胺药，阿司匹林及抗肿瘤药物等。

（2）造血系统疾病：常见的有再生障碍性贫血、白血病、淋巴瘤、多发性骨髓瘤、骨髓转移瘤（癌）、骨髓纤维化、巨幼细胞性贫血、溶血性贫血等。

（3）脾功能亢进：如门脉高压性肝硬化、血吸虫病晚期、黑热病、慢性疟疾等。

（4）感染：包括病毒、细菌、真菌、立克次体、螺旋体、寄生虫等感染。

（5）其他：如尿毒症、弥漫性血管内凝血、大量输血、体外循环、结缔组织疾病等。

7. 糖皮质激素治疗特发性血小板减少性紫癜的机制是什么？

糖皮质激素治疗作用机制：①减少 PAIg 生成及减轻抗原抗体反应；②抑制单核-吞噬细胞系对血小板的破坏；③改善毛细血管通透性；④刺激骨髓造血及血小板向外周血的释放。

8. ITP 应用激素治疗的疗效、用法及应用时间？

（1）近期有效率 80%；

（2）用法：30～60mg/d，分次或顿服，重病可用地塞米松及甲基泼尼松龙，待血小板到达正常及接近正常后，逐步减量，每周减 5mg，最后以 5~10mg 维持 3~6 个月。

（3）应用的时间：国外，血小板$>30\times10^9$/L，无明显出血倾向；国内，血小板$>50\times10^9$/L，可不予治疗。

9. 脾切除术的适应证及禁忌证？

适应证：①正规糖皮质激素治疗 3~6 个月无效；②糖皮质激素维持量大于 30mg/g；③有糖皮质激素使用禁忌证；④^{51}Cr 扫描脾区放射指数增高。

禁忌证：①年龄小于 2 岁；②妊娠期；③因其他疾病不能耐受手术。

10. 脾切除术的术后并发症主要有哪些？

脾切除的术后并发症主要有：

（1）感染：是脾切除术后最重要的并发症，术后近期感染易发生于白细胞减少及（或）长期应用免疫抑制剂后。

（2）出血：多见于血小板减少或功能障碍患者以及脾功能亢进病人。再生障碍性贫血病人术前血小板低于 50×10^9/L 时，术后出血常严重。

（3）栓塞：多见于骨髓增生性疾病脾切除后。术后 12 小时血小板即开始上升，数日内可升至 1000×10^9/L 以上。病人出现恶心、呕吐、剧烈腹痛等，常为肠系膜动脉分支或肝静脉血栓。需紧急处理，必要时在应用细胞毒药物基础上进行血小板清除术。

11. 免疫抑制剂治疗特发性血小板减少性紫癜的适应证有哪些？

①糖皮质激素或切脾疗效不佳者；②有使用糖皮质激素或切脾禁忌证；③与糖皮质激素合用以提高疗效及减少糖皮质激素的用量。

12. 达那唑（danazol）治疗特发性血小板减少性紫癜的机制是什么？

达那唑（danazol）为半合成雄激素，与糖皮质激素有协同作用，作用机制与免疫调节及抗雌激素有关。但起效慢，可与肾上腺皮质激素协同应用。

13. 患特发性血小板减少性紫癜的妇女足月分娩后是否会导致胎儿发生血小板减少？

患 ITP 的妇女妊娠后，由于抗血小板抗体 PAIgG 可通过胎盘而引起新生儿血小板减少，发生率可达 35%～70%。但多数血小板减少不严重，一般可以自愈，出生后 1 个月后可自行恢复。严重者可用糖皮质激素、临时性输血小板悬液或用换血法治疗。

14. ITP 的急症处理包括哪些？采用哪些治疗手段？

ITP 的急症包括：①血小板＜20×10^9/L；②出血严重、广泛；③疑有或已发生颅内出血；④近期将实施手术或分娩。

治疗手段：①血小板输注；②静脉丙种球蛋白；③血浆交换；④大剂量甲泼尼龙。

15. 特发性血小板减少性紫癜患者进行血浆置换的适应证和禁忌证有哪些？

一般来说，急性暴发性 ITP 和难治性 ITP 患者适合进行血浆置换，但由于置换时需要使用抗凝剂，在血小板较低时（PLT＜20.0×10^9/L）会加重出血，因此在有严重出血（如脑出血）时，慎用血浆置换。

16. 特发性血小板减少性紫癜患者输注血小板的原则是什么？

由于特发性血小板减少性紫癜患者体内有血小板相关抗体，输入的血小板会被破坏而造成输注无效，所以 ITP 患者一般不采用血小板输注来提高血小板计数。在有明显临床出血时，可输注血小板悬液来迅速纠正血小板减少，以利于快速止血。

四、凝血机制障碍导致的出血性疾病

(一) 血友病

1. 什么叫血友病?

血友病是一组遗传性凝血活酶生成障碍引起的出血性疾病。包括血友病 A、B 和遗传性因子 XI 缺乏症。以血友病 A 最常见。血友病 A 缺乏因子Ⅷ,又称经典血友病。血友病 B 缺乏因子Ⅸ。遗传性因子Ⅺ缺乏症曾被称为血友病丙,目前又称为 Rosenthal 综合征。一般情况下,"血友病"这一名称是指血友病 A 和血友病 B,其他凝血因子缺乏症有时被称为类血友病,均为罕见病。

2. 血友病 A 和血友病 B 的遗传特点是什么?

血友病 A 和血友病 B 均是 X 连锁隐性遗传性疾病,基因均位于 X 染色体长臂末端(因子Ⅷ基因位点为 Xq28,因子Ⅸ基因位点 Xq26 - q)。男性患病,女性传递。

3. 血友病 A 如何分型? 其出血有何特点?

按血浆 FⅧ:C 的活性,可将血友病分为轻、中、重三型:①轻型,因子Ⅷ:C 活性是正常的 5%~25%;②中型,是正常的 1%~5%;③重型,因子Ⅲ:C 活性只有不到正常因子活性的 1%,占所有病人的 60%。

血友病患者最具特征性的出血是深部血肿和关节出血,自发发生或轻度创伤后出现,出血常发生在轻度损伤后几个小时。关节反复出血可导致关节肿胀、畸形。由于是遗传性疾病,出血症状可自出生后即出现,伴随终身。

4. 血友病的实验室检查有何特点?

血友病患者的凝血筛查实验通常显示凝血活酶时间(PT)和凝血酶凝固时间(TCT)正常,激活的部分凝血活酶时间(APTT)延长,反映出内源性凝血异常。用凝血活酶生成试验

(TGT)及纠正试验（血友病B可被正常血清纠正，血友病A可被钡吸附的正常血浆纠正）、因子Ⅷ：C和因子Ⅸ活性的直接检测有助于鉴别血友病A和血友病B。

5. 血友病患者如何补充凝血因子？

血友病患者可用于补充凝血因子的制剂有：新鲜全血、新鲜冰冻血浆（FFP）或新鲜血浆（所含成分同全血，凝血因子含量比全血高一倍）、冷沉淀物（含Ⅷ、ⅩⅢ、vWF及纤维蛋白原等）、凝血酶原复合物（含Ⅹ、Ⅸ、Ⅶ、Ⅱ）及Ⅷ因子和Ⅸ因子浓缩物。Ⅷ因子浓缩物以单位给药，一个国际单位（IU）代表1mL正常血浆中Ⅷ因子活性的数量。每千克体重1个国际单位的Ⅷ因子可升高2%循环Ⅷ因子水平。每1千克FFP含1国际单位的Ⅷ因子。血友病患者达到期望的循环Ⅷ因子水平所需要的Ⅷ因子的数量可用以下公式计算：

Ⅷ因子（IU）＝千克体重数/2×（期望活性％－内源活性％）

血友病B可参照此公式计算。

6. 血友病患者须进行手术时应如何处置？

血友病患者当有手术适应证时必须权衡利弊。已知的血友病、血管性假性血友病患者在未经检查及准备前，尽可能避免急诊手术。手术前应测定凝血象，尤其是活化的部分凝血活酶时间（APTT）、凝血酶原时间、因子Ⅷ促凝活性（Ⅷ：C）、出血时间（BT），并根据病情在术前补充所缺乏的凝血因子。

在血友病A，如无因子Ⅷ抗体，可按"所需提高的Ⅷ：C％×血浆容量＝所需单位数"计算补充凝血因子。血友病患者拔牙时，须将Ⅷ因子水平提高到20％～30％；小手术和外伤缝合时应提高到40％～50％；一般手术应提高到50％～70％；而大手术（包括扁桃体手术）应提高到60％～100％。若存在因子Ⅷ抗体，可用激素、免疫抑制剂或血浆交换以减少或清除抗体。术前根据APTT值，输入足够量的血浆或Ⅷ因子浓缩制剂。

7. **血友病患者出现活动性出血时如何处理？**

血友病患者出现活动性出血时，除局部压迫止血外，应将Ⅷ因子水平提高。具体如下：口腔黏膜出血时Ⅷ因子水平提高到20%～30%；早期、无肿胀的关节出血，应提高到30%；明显肿胀疼痛的关节出血应提高到30%～50%；肌肉软组织血肿不压迫神经时应提高到30%，在危险部位的出血，如颈部、咽喉部位，应提高到50%～100%；腹膜后和髂窝的出血、颅内出血、头部外伤、消化道出血也应将Ⅷ因子水平提高到50%～100%。

8. **血友病如何输注凝血因子？**

凝血因子Ⅷ的生物学半存活期短，仅8～12小时，需每隔12小时左右给药一次，以保持血循环中的凝血因子Ⅷ水平。近年来，倾向于连续给药法，即在首次输注使患者凝血因子Ⅷ血浆水平达到期望值后，开始连续滴注。如以每小时每千克体重2U的速率连续滴注，可使患者凝血因子Ⅷ水平维持在25%；以每小时每千克体重3U的速率连续滴注，可维持在50%；以每小时每千克体重4U的速率连续滴注，则可维持在75%。维持时间应根据临床状态和实验室监测结果而定；通常，轻度和中度出血至少需维持3天，重度出血需维持7～21天，甚至更长时间。

9. **DDAVP治疗出血性疾病的机理是什么？**

DDAVP是1-去氨基-8-D-精氨酸加压素的缩写，它可促进血管内皮释放vWF，改善血小板黏附、聚集功能。释放的vWF可稳定Ⅷ：C，从而提高Ⅷ：C水平。

（二）von Willebrand's 病

1. **什么叫von Willebrand's病？其遗传方式是什么？**

von Willebrand's病（vWD）是由vW因子（vWF）缺乏引起的，是最常见的遗传性出血性疾病。vWF是一种由血管内皮细胞合成、储存和分泌的糖蛋白，有两种功能：①在止血过程中vWF

使血小板黏附到受损伤的内皮；②vWF 在血浆中携带Ⅷ：C 因子。von Willebrand's 病多数是以常染色体显性方式遗传。但是，von Willebrand's 病（vWD）最严重的一种类型是由于常染色体隐性缺陷所致。

2. **vWD 患者的出血有何特点？**

出血倾向是本病的突出表现，与血友病比较，其出血在临床上有以下特点：①出血以皮肤黏膜为主，如鼻出血、牙龈出血、瘀斑等，外伤或小手术（如拔牙）后的出血也较常见；②男女均可发病，女性青春期患者可有月经过多及分娩后大出血；③出血可随年龄增长而减轻；④自发性关节、肌肉出血相对少见，以此致残者更少见。

3. **von Willebrand's 病的实验室检查有何特点？**

凝血筛查实验显示 BT 延长，PT 正常，TCT 正常，APTT 通常也正常，但在中度或重度 vWD 有Ⅷ因子活性降低，APTT 可被延长。血小板的数量正常，但功能检查多异常，血小板的黏附功能降低，瑞斯托霉素血小板聚集试验显示血小板对瑞斯托霉素的诱导不产生聚集。von Willebrand 抗原（vWFAg）多数降低，Ⅷ：C 水平轻～中度降低。实验可以受雌激素、孕激素、口服避孕药、甲状腺疾病、感染和运动的影响，由于实验结果变异大，vWD 的诊断很难确立。通常情况下需要反复检查。

4. **如何鉴别 vWD 和血友病 A？**

von Willebrand's 病很难与轻度血友病 A 相区分。von Willebrand 抗原（vWFAg）和Ⅷ：C 水平的检测是唯一的鉴别方法。血友病 A 病人 von Willebrand 抗原和活性应该是正常或升高的。而 vWD 患者 von Willebrand 抗原多数降低。血友病患者Ⅷ：C 因子活性水平降低，而在 vWD 病人是正常或轻度降低。

（三）维生素 K 缺乏与严重肝脏疾病

1. 为什么维生素 K 缺乏会影响凝血功能？

维生素 K 缺乏时可引起维生素 K 依赖性凝血因子（凝血酶原、因子Ⅶ、Ⅸ、Ⅹ及调节蛋白 PC、PS）缺乏，这些因子在肝脏合成，需维生素 K 参与。生理条件下，上述因子在肝内合成过程中，其 N 端的谷氨酸残基需进行加羧基化反应，此反应需羧基化酶的催化，VitK 则是该酶促反应不可缺的辅酶，VitK 缺乏时，肝只能合成一些凝血活性低或无活性的结构异常（未羟基化）的上述相应蛋白质，导致凝血障碍。

2. 如何诊断维生素 K 缺乏症？

维生素 K 缺乏症的诊断包括：①存在引起维生素 K 缺乏的基础疾病；②临床有皮肤、黏膜或内脏出血表现；③PT 延长，KPTT 延长，凝血因子Ⅱ、因子Ⅶ、Ⅸ和Ⅹ抗原和活性降低；④维生素 K 治疗有效。

3. 严重肝脏疾病时凝血功能检查有何特点？

严重肝脏疾病时 PT、APTT、TT 均可延长，纤维蛋白原降低，可有血小板减少。如果有进行性血小板减少，PT 延长，纤维蛋白原降低和 3P 试验阳性，提示并发 DIC，需进一步检查。

4. 在治疗严重肝脏疾病伴出血时为什么要使用维生素 K？

严重肝脏疾病如重症肝炎、失代偿期肝硬化、中毒性肝病以及晚期肝癌等，肝实质细胞发生严重的水肿、破坏和溶解等损伤，常伴有维生素 K 的摄入、吸收、代谢和利用过程的障碍；肝维生素 K 还原酶和 γ-羧基羧化酶也受到严重影响，使肝脏不能正常合成维生素 K 依赖因子，包括因子Ⅱ、Ⅶ、Ⅸ、Ⅹ和蛋白 C 及蛋白 S。代之合成结构异常的维生素 K 依赖因子。虽然严重肝病时维生素 K 依赖因子缺乏的根本治疗措施是肝病的治疗，但使用维生素 K 制剂（如维生素 K_1 20mg/d）有防治出血的作用。

(四) 弥散性血管内凝血

1. 什么叫弥散性血管内凝血？

弥散性血管内凝血（disseminated intravascular coagulation，DIC）是一种发生在许多疾病基础上，由致病因素激活凝血及纤溶系统，导致全身微血栓形成，凝血因子大量消耗并继发纤溶亢进，引起全身出血及微循环衰竭的临床综合征。

2. DIC 的常见病因有哪些？

(1) 感染性疾病：占 DIC 发病率的 31%～43%；
(2) 恶性肿瘤：占 DIC 发病率 24%～34%；
(3) 病理产科：占 DIC 发病率 4%～12%；
(4) 手术及创伤：占 DIC 发病率 1%～5%；
(5) 医源性疾病：占 DIC 发病率 4%～8%；
(6) 全身各系统疾病。

3. DIC 的发病机制是什么？

(1) 组织损伤：感染、肿瘤溶解、严重或广泛创伤、大型手术等因素，导致组织因子和组织因子类物质释放入血，激活外源性凝血途径或直接激活 FX 和凝血酶原。

(2) 血管内皮损伤：感染、炎症及变态反应、缺氧等引起血管内皮损伤，导致 FXII 激活及 TF 释放，启动外源或内源性凝血途径。

(3) 血小板损伤：各种炎症反应、药物、缺氧等引起血管内皮损伤，诱发血小板聚集及释放反应，通过多种途径激活凝血系统。

(4) 纤溶系统激活：上述致病因素在引起组织损伤、血管内皮损伤、激活凝血系统的同时，也可以通过直接或间接方式同时激活纤溶系统，致凝血-纤溶平衡进一步失调。

4. 急性早幼粒细胞白血病容易出现 DIC 的原因是什么？

急性早幼粒细胞白血病合并 DIC 多见，异常的早幼粒细胞中的颗粒成分均具有组织凝血活酶特性，可激活外源性凝血系统，诱发 DIC。

5. DIC 的出血有何特点？

发生率为 84%~95%，其出血的特点为自发性、持续性渗血；出血部位常是多发性：多见于皮肤、黏膜、齿龈、伤口及穿刺部位，内脏大出血如咯血、尿血、便血、呕血，少数表现为某些器官骤发性、倾倒性大出血，如产科阴道大出血；出血常突然发生，不易用原发病解释，严重者可发生颅内出血；同时伴 DIC 其他临床表现如休克、皮肤栓塞坏死等表现；常规出血治疗措施疗效不显著。

6. DIC 的休克有何特点？

发生率为 30%~80%，其 DIC 休克的特点为突然发生，原因不明，休克与出血量常不成比例；休克常与 DIC 其他表现并存；休克早期即有多种脏器功能不全的症状和体征；多属难治性，常规治疗效果差，顽固性休克是 DIC 病情严重、预后不良的征兆。

7. 各类疾病引起的 DIC 各有何特点？

（1）感染所致 DIC：起病急骤，典型，绝大多数为急性重症型；预后相对好；感染控制后，DIC 自行好转。

（2）肿瘤所致 DIC：多呈亚急性或慢性过程；常以持续少量多部位出血倾向为主要甚至是唯一表现；抗凝治疗如肝素等可有一定效果；易反复，预后不良。

（3）病理产科所致 DIC：起病急，进展快；以阴道倾倒性出血及休克为主要表现；DIC 呈跳跃式发展，即在短期内可出现纤溶亢进；如原发疾病处理及时，DIC 可自行终止，预后较好。

8. DIC 时凝血检查的改变有何特点？

DIC 时凝血检查结果的改变有以下特点：

（1）纤维蛋白原减低：发生率 70%~80%，低于 1.5g/L，但早期可升高达 4.0g/L 以上。

(2) 凝血酶原时间（PT）延长：DIC 中、晚期 PT 延长。发生率 85%～100%，但 DIC 早期高凝状态时，PT 可缩短。

(3) 凝血酶凝固时间（TT）延长：因 DIC 时纤维蛋白原减少，血中肝素样物质增多，纤维蛋白降解产物增高，使 TT 明显延长，发生率 62%～85%。延长超过正常对照 5 秒者有助于 DIC 诊断。

(4) 激活的部分凝血活酶时间（APTT）延长：因凝血因子消耗，APTT 延长，发生率 60%～70%。

9. 抗凝血酶Ⅲ（AT-Ⅲ）测定在 DIC 诊断中有何意义？

DIC 时因凝血因子激活、凝血酶产生过多，致 AT-Ⅲ消耗，血中 AT-Ⅲ活性下降。由于肝素的抗凝血酶作用依赖 AT-Ⅲ，因而血中 AT-Ⅲ水平可影响肝素疗效，且 DIC 治疗有效时，AT-Ⅲ回升较快而明显，因此，AT-Ⅲ检查被认为具有诊断、指导治疗及疗效监测等方面的意义。

10. DIC 的实验室检查包括哪两方面？

DIC 时实验室检查主要分为初筛实验和确证实验两个方面。

(1) 初筛试验：较常用的初筛试验包括凝血酶原时间（PT）、活化的部分凝血活酶时间（APTT）、纤维蛋白原定量和血小板计数。以上四项初筛检查均异常，又有 DIC 的原发病因和典型的临床表现，诊断基本成立。若只有 1～2 项初筛试验符合 DIC，诊断需依赖确证试验。

(2) 确证试验：包括各种反映凝血酶和纤溶酶生成的实验。反映凝血酶生成的试验有凝血酶原碎片$_{1+2}$（F_{1+2}）、纤维蛋白肽 A（FPA）、纤维蛋白单体（FM）、抗凝血酶-Ⅲ（AT-Ⅲ）含量及活性、凝血酶-抗凝血酶复合物（TAT）；反映纤溶酶生成的试验有纤溶酶原含量及活性、优球蛋白溶解时间、FDP、纤溶酶-α_2抗纤溶酶复合物（PIC）；反映凝血酶生成又反映纤溶酶生成的试验有 D-二聚体测定。

11. DIC 的诊断标准是什么？

一般来说，诊断 DIC 必须具备三方面的条件：①有引起 DIC

的原发病因；②符合 DIC 的临床表现；③有实验室诊断依据。目前国内常用的诊断标准是 1995 年第五届中华血液学会全国血栓与止血学术会议制定的 DIC 诊断标准。

12. 什么叫慢性 DIC？多见于哪些疾病？慢性 DIC 的实验室检查有何特点？

起病较缓，在 2 个月以上发病的 DIC 称慢性 DIC，以持续、缓慢的出血或栓塞为主要表现。慢性 DIC 多见于肿瘤、死胎滞留等疾病。实验室呈代偿型甚至超代偿型，即血小板计数、PT、APTT 处于正常范围，但必须有纤溶亢进的表现，如血浆纤维蛋白原含量 <1.5g/L 或进行性下降、3P 试验阳性或血浆 FDP 增加，或 D-二聚体升高或阳性。

13. 什么叫亚急性 DIC？

在 2 周至 2 个月内发病的称为亚急性 DIC。临床以出血倾向、多发性栓塞为主要表现；实验室检查呈轻度代偿不全或代偿型，介于急性和慢性 DIC 之间。

14. 如何鉴别 DIC 和重症肝脏疾病？

重症肝病在临床和实验室检查上与 DIC 有许多相似之处，而重症肝病是否并发 DIC，在治疗和预后的评估上有特别重要的意义。与 DIC 相比，重症肝病的微循环衰竭和肾功能损伤出现较晚且很少见，而黄疸较重且常见，红细胞破坏罕见；而Ⅷ：C、血小板活化及代谢产物多数正常；FDP 和 D-二聚体正常或仅轻度增加。

15. 如何鉴别 DIC 和血栓性血小板减少性紫癜（TTP）？

TTP 与 DIC 主要的鉴别之处是 TTP 的微循环衰竭少见，而黄疸多见且严重，因子Ⅷ：C、蛋白 C 活性、FPA、F_{1+2}、D-二聚体正常；TTP 的血栓以血小板为主，而 DIC 的血栓以纤维蛋白血栓为主。

16. DIC 的治疗原则是什么？

（1）DIC 治疗的最根本原则是治疗基础疾病和消除诱因。

（2）抗凝治疗，阻断 DIC 的病理过程：目前最常用的是肝素，以阻断仍未终止的血管内凝血过程。

（3）补充凝血因子和血小板：在 DIC 的进程中，补充凝血因子和血小板是安全的，而且在使用肝素时，有助于凝血与抗凝平衡的恢复。另外，血浆中 AT-Ⅲ 的含量对肝素的抗凝效果有很大影响。

（4）纤溶抑制剂只适用于纤溶亢进期，血管内凝血过程未终止者应慎用。

（5）溶栓疗法：主要用于 DIC 后期、脏器功能衰竭及经上述治疗无效者。可试用尿激酶或 t-PA。

（6）其他治疗：654-2 有助于改善微循环及纠正休克，在 DIC 早、中期可使用；糖皮质激素不作常规应用，但在下列情况下可考虑：基础疾病需糖皮质激素治疗者；感染中毒性休克并 DIC 已经抗感染有效者；并发肾上腺皮质功能不全者。

17. 肝素抗凝的机制是什么？

肝素通过与抗凝血酶-Ⅲ（AT-Ⅲ）结合，使 AT-Ⅲ 构型发生变化，暴露活性中心，然后 AT-Ⅲ 与激活的丝氨酸蛋白酶凝血因子（Ⅻa、Ⅺa、Ⅸa 和凝血酶）形成复合物而灭活这些凝血因子，从而抑制它们在凝血瀑布样反应中的活性而减少血液凝固的能力。

18. 肝素用于 DIC 的适应证和禁忌证是什么？

（1）适应证：DIC 早期（高凝期）；血小板及凝血因子呈进行性下降、微血管栓塞表现（如器官功能障碍）明显的患者；消耗性低凝期但病因短期不能祛除者，在补充凝血因子的情况下使用。

（2）禁忌证：手术后或损伤创面未经良好止血者；近期有大咯血的结核病或有大量出血的活动性消化性溃疡；蛇毒所致的 DIC；DIC 晚期，患者有多种凝血因子缺乏及明显纤溶亢进。

19. 普通肝素与低分子肝素有何区别？

（1）低分子肝素（LMWH）是通过化学或酶解去多聚化而获得的约为肝素分子大小 1/3 的肝素衍生物。因为较小的分子片段不能同时结合 AT 和凝血酶，所以，与 UFH 相比，LMWHs 灭活凝血酶的能力降低。另一方面，由于 AT 和凝血酶之间的结合对抗因子 Xa 活性不那么关键，小片段与大分子灭活因子 Xa 的活性几乎一样。

（2）低分子肝素（LMWH）与血浆蛋白结合减少，使量-效关系更可预测。由于与巨噬细胞和内皮细胞结合减少，LMWH 的血浆半衰期也增加。而与血小板和 PF_4 结合减少使肝素诱导的血小板减少（HIT）发生率降低。并且，LMWHs 与成骨细胞结合的减少可使成骨细胞的激活和骨质丢失减少，长期使用对骨质的影响较肝素小。

在临床上，LMWHs 优于普通肝素的特点有：生物利用度高；半衰期较长，皮下给药可以每日一次或两次；抗凝作用易于控制，家庭治疗通常是安全有效的；出血和肝素诱导的血小板减少（HIT）更少见。

20. DIC 时能否补充凝血因子和血小板？

补充凝血因子和血小板在理论上来讲，对进展中的 DIC 如同火上浇油，加重血管内凝血，但实际上并非如此。补充凝血因子和血小板，尤其是与肝素合用是安全的，有助于凝血和抗凝的平衡恢复。

第二部分

血液病选择题及答案

[A1 型题]

1. 血浆凝血酶原时间明显延长时，缺乏的凝血因子最可能的是
   A. I、II、V、VII、VIII
   B. I、II、V、VII、IX
   C. I、II、V、VII、X
   D. I、II、V、VII、XI
   E. I、II、V、VII、XII

2. 慢性粒细胞白血病与类白血病反应的鉴别最有意义的是
   A. 中性粒细胞碱性磷酸酶积分减少
   B. 周围血中出现幼红
   C. 周围血中血小板减少
   D. Ph 染色体阳性
   E. 嗜酸粒细胞增多

3. 急性淋巴细胞白血病患者，在诱导缓解治疗过程中，突发脑膜白血病，其最主要原因是
   A. 化疗药物用量不足
   B. 化疗药物不能透过血脑屏障
   C. 化疗药物的毒性作用
   D. 免疫能力低下
   E. 合并病毒感染

4. 正常成年人骨髓造红细胞的功能需要时可提高的倍数是
   A. 1~2 倍
   B. 6~8 倍
   C. 10~12 倍
   D. 8~10 倍
   E. 4~8 倍

5. 骨髓增生程度判断是根据
   A. 有核细胞、成熟红细胞
   B. 粒系、红系
   C. 粒系、成熟红细胞
   D. 有核红细胞、有核细胞
   E. 成熟红细胞、有核红细胞

6. 不属于红细胞生成减少所致的贫血是
   A. 再生障碍性贫血
   B. 铁粒幼红细胞性贫血
   C. 小细胞低色素性贫血
   D. 地中海贫血
   E. 恶性贫血

7. 下列哪项贫血不是正细胞性贫血

A. 再生障碍性贫血 B. 铁粒幼细胞性贫血
C. 溶血性贫血 D. 骨髓病性贫血
E. 急性失血性贫血

8. 以下错误的是
   A. 正常红细胞寿命约 100~200 天
   B. 正常血小板寿命约 8~11 天
   C. 正常粒细胞的半衰期约 6~7 小时
   D. 正常骨髓的代偿能力约 8~10 倍
   E. 正常红细胞在循环血中的半衰期 25~32 天

9. 关于贫血下列哪项说法是错误的
   A. 婴儿、儿童及妊娠妇女的血红蛋白较成人高
   B. 久居高原地区居民的血红蛋白正常值较海平面居民为高
   C. 低蛋白血症、心衰、脾大和巨球蛋白血症时，血浆容量增加，血红蛋白常降低
   D. 在脱水或失血等循环血容量减少时，血红蛋白常高
   E. 以上说法都正确

10. 血浆中能与铁结合的转铁蛋白称为
    A. 转铁蛋白饱和度 B. 未饱和铁结合力
    C. 铁蛋白 D. 转铁蛋白
    E. 总铁结合力

11. 关于铁的吸收，哪项不正确
    A. 亚铁盐较高铁盐易吸收
    B. 与维生素 C 同服有助于食物中铁吸收
    C. 主要在回肠末端吸收
    D. 主要在十二指肠和空肠上部吸收
    E. 小肠对铁的吸收有调节能力

12. 缺铁性贫血错误的是
    A. 线粒体功能障碍所致血红蛋白合成减少
    B. 小细胞低色素性贫血
    C. 主要原因是慢性失血
    D. 多见于育龄妇女，经产妇尤多
    E. 具有慢性渐进性的发展过程

13. 有关铁代谢的正常值，错误的是
    A. 体内总铁量 35～55mg/kg   B. 贮存铁 300～1000mg
    C. 食物铁 10～15mg/d   D. 妊娠时需 2～4mg/d
    E. 排出量约 1mg/d
14. 下列除哪项外能抑制铁的吸收
    A. 咖啡   B. 蛋类
    C. 茶   D. 维生素 C
    E. 菠菜
15. 体内缺铁初期的最早最可靠的诊断依据是
    A. 典型的小细胞低色素性贫血血象
    B. 血清总铁结合力增高
    C. 血清铁减低
    D. 骨髓贮存铁减少或缺乏
    E. 血清铁蛋白饱和度下降
16. 缺铁性贫血的改变顺序是
    A. 低血清铁→骨髓贮存铁减少→贫血
    B. 低血清铁→贫血→骨髓贮存铁减少
    C. 骨髓贮存铁减少→贫血→低血清铁
    D. 贫血→骨髓贮存铁减少→低血清铁
    E. 骨髓贮存铁减少→低血清铁→贫血
17. 下列哪项结果诊断缺铁性贫血最有意义
    A. 红细胞平均体积降低
    B. 红细胞平均血红蛋白浓度降低
    C. 红细胞平均直径变小
    D. 血清铁降低
    E. 骨髓象幼红细胞增生活跃
18. 下列哪项不符合缺铁性贫血的依断
    A. 血清铁<89.5μmmol/L（50μg/dl）
    B. 总铁结合力>64.4μmmol/L（360μg/dl）
    C. 转铁蛋白饱和度<15%
    D. 血清铁蛋白<12μg/L
    E. 红细胞游离原卟啉>4.5μg/gHb

19. 铁蛋白和含铁血黄素储存于
    A. 胃壁主细胞
    B. 中性白细胞
    C. 淋巴细胞
    D. 肝脾骨髓的单核-巨噬细胞
    E. 网状细胞
20. 血清铁减低，总铁结合力增高及转运铁蛋白饱和度减低见于
    A. 海洋性贫血   B. 感染性贫血
    C. 缺铁性贫血   D. 再生障碍性贫血
    E. 铁粒幼细胞性贫血
21. 治疗缺铁性贫血的主要目的是
    A. 血红蛋白恢复正常   B. 血清铁水平恢复正常
    C. 补足贮存铁   D. 红细胞水平恢复正常
    E. 血清铁和总铁结合力均恢复正常
22. 铁制剂治疗缺铁性贫血，其疗效指标最早出现的是
    A. 血红蛋白上升   B. 红细胞数上升
    C. 红细胞体积上升   D. 红细胞直径增大
    E. 网织红细胞数上升
23. 缺铁性贫血的预后取决于
    A. 铁剂用量的大小   B. 铁剂应用时间的长短
    C. 铁剂应用途径的对否 D. 影响铁剂吸收因素的有无
    E. 原发病是否能治疗彻底
24. 体内贮存铁以下列哪种形式存在
    A. 转铁蛋白   B. 铁蛋白
    C. 肌红蛋白   D. 乳铁蛋白
    E. 血红蛋白
25. 缺铁性贫血应用铁剂停药原则为
    A. 服至血红蛋白及红细胞正常为止
    B. 服至血红蛋白及红细胞正常后1～3个月
    C. 服至血红蛋白正常后3～6个月
    D. 服至血清铁蛋白＞45μg/L
    E. 服至血清铁蛋白＞12μg/L

26. In severe iron deficiency anemia with a hematocrit in the 20％ range, the characteristic findings related to iron metabolism are as follows except

    A. low serum iron

    B. low total iron binding capacity (TIBC)

    C. percent saturation less than 15％

    D. less than 10％ sideroblasts in the marrow

    E. absent marrow iron stores (by Prussian blue stain)

27. Microcytic hypochromic red blood cells may be seen

    A. with hemolytic anemia   B. iron deficiency anemia

    C. after acute blood loss   D. with carcinoma of colon

28. Among the following, the most common cause of anemia is

    A. bone marrow replacement by cancer

    B. intravascular hemolysis

    C. genetic defect in hemoglobin synthesis

    D. vitamin deficiency

    E. iron deficiency

29. 巨幼红细胞贫血的原因是

    A. 叶酸或维生素 B_{12} 摄入不足

    B. 胃肠道疾病

    C. 抗肿瘤药物的影响

    D. 叶酸或维生素 B_{12} 需要量增加

    E. 以上都包括

30. 巨幼红细胞贫血的临床特点，除了

    A. 起病缓慢

    B. 可伴神经、精神症状

    C. 粒细胞亦可发生改变

    D. 神经系统症状主要是由于缺乏叶酸所致

    E．以上都不是

31. 哪项不是引起巨幼红细胞贫血的原因

    A. 胃肠道疾病   B. 应用甲氨蝶呤

    C. 妊娠   D. 功能性子宫出血

E. 长期素食

32. 关于巨幼红细胞性贫血错误的是

   A. 巨幼红细胞性贫血由DNA合成异常引起

   B. 严重时可有全血细胞减少

   C. 巨幼红细胞性贫血常伴发红细胞增多症

   D. 巨幼红细胞性贫血病例中主要原因在于营养

   E. 单纯叶酸治疗加重神经系统并发症者需加用维生素B_{12}

33. 巨幼红细胞性贫血诊断的主要依据是

   A. 血中无幼稚细胞

   B. 全血细胞减少

   C. 红细胞平均体积大于94立方微米

   D. 骨髓细胞中出现巨幼红细胞改变

   E. 红细胞平均血红蛋白量大于32ng/dl

34. 巨幼红细胞贫血的原因是

   A. 叶酸或维生素B_{12}摄入不足

   B. 胃肠道疾病

   C. 抗肿瘤药物的影响

   D. 叶酸或维生素B_{12}需要量增加

   E. 以上都包括

35. 下列疾病中除哪种疾病外，均可以发生红细胞巨样变

   A. 巨幼细胞性贫血　　　B. 骨髓增生异常综合征

   C. 免疫相关性全血细胞减少　D. 自身免疫性溶血性贫血

   E. 再生障碍性贫血

36. Pernicious anemia can be related to all the following except

   A. malabsorption of　　B. metabolites

   C. achlorhydria　　　　D. hypochromic anemia

   E. demyelination of posterior and lateral columns

   F. usual occurrence after 55 years of age

37. The average volume of the red cell (MCV) is increased in

   A. iron deficiency anemia　　B. pernicious anemia

   C. thalassemia major　　　　D. hereditary spherocytosis

   E. polycythemia vera

38. Which of the following typically causes a macrocytic anemia
    A. acute blood loss   B. folic acid deficiency
    C. Both A and B are correct D. Neither A nor B is correct
    Answer as follows:
    A) If only 1, 2 and 3 are correct
    B) if only 1 and 3 are correct
    C) if only 2 and 4 are correct
    D) if only 4 is correct
    E) if all are correct

39. Features of pernicious anemia include
    A. sore tongue
    B. achlorhydria
    C. impaired vibratory sense
    D. megaloblastic hyperplasia of bone marrow

40. 铁粒幼细胞性贫血诊断的主要依据是
    A. 小细胞低色素贫血
    B. 血清铁增高
    C. 总铁结合力降低
    D. 骨髓铁染色可见环形铁粒幼细胞
    E. 上述都不是

41. 铁粒幼细胞性贫血的发病机理
    A. 血清铁减少   B. 铁蛋白降低
    C. 红细胞破坏增多   D. 铁利用不良
    E. 上述都不是

42. 血清铁增高，铁蛋白增高，骨髓中铁粒幼细胞增多，见于
    A. 海洋性贫血   B. 慢性病贫血
    C. 缺铁性贫血   D. 再生障碍性贫血
    E. 铁粒幼性贫血

43. Which of th following is characterized by ineffective erythropoiesis
    A. hemolytic anemia   B. sideroblastic anemia
    C. aplastic anemia   D. hereditary spherocytosis

E. iron deficient anemia

44. Hypochromic microcytic anemia is associated with

    A. hereditary spherocytosis

    B. aplastic anemia

    C. sideroblastic anemia

    D. glucose－6－dehydrogenase deficiency

    E. paroxysmal cold hemoglobinuria

45. 再生障碍性贫血的发病机理和以下哪种无关

    A. 造血干细胞缺乏　　　　　B. 骨髓微环境的缺陷

    C. 免疫机制异常　　　　　　D. 脾功能亢进

    E. 红细胞内 cAMP 含量降低

46. 再生障碍性贫血最主要的诊断依据是

    A. 全血细胞减少，有出血或感染表现

    B. 网织红细胞减少

    C. 骨髓增生不良

    D. 肝脾淋巴结不肿大

    E. 铁剂叶酸治疗无效

47. 下列哪项不符合再生障碍性贫血

    A. 发热，贫血，出血倾向

    B. 骨髓增生低下

    C. 红系白系血小板有两系以上减少

    D. 无淋巴结肿大

    E. 偶见局灶巨核细胞增多

48. 关于再生障碍性贫血的病因，错误的是

    A. 氯霉素

    B. 铁剂治疗过度

    C. 肝炎病毒

    D. 先天性因素（如 Fanconi 综合征）

    E. 放射线

49. 慢性再生障碍性贫血错误的是

    A. 起病缓慢　　　　　　　　B. 以贫血为主

    C. 感染、出血较轻　　　　　D. 一般在 3～4 年内死亡

E. 以上都不是

50. 再生障碍性贫血的血象不会表现为
    A. 红细胞减少　　　　　　B. 白细胞减少
    C. 血小板减少　　　　　　D. 淋巴细胞比例下降
    E. 单核细胞减少

51. 慢性再生障碍性贫血的骨髓象错误的是
    A. 一般增生低下
    B. 增生部位粒细胞、幼红细胞两系成熟停滞于晚期阶段
    C. 巨核细胞不一定减少
    D. 浆细胞等非造血细胞可增多
    E. 淋巴细胞亦相对增多

52. 原发性再生障碍性贫血不正确的是
    A. 慢性型贫血，出血及感染均较轻
    B. 不会转变为阵发性睡眠性血红蛋白尿
    C. 慢性病人无明显临床症状者不必输血
    D. 不宜常规使用肾上腺皮质激素
    E. 铁剂无益

53. 雄激素治疗的机制
    A. 改变骨髓微环境
    B. 提高机体抵抗力，减少 TS 细胞数量
    C. 直接刺激骨髓干细胞增加，提高内源性 EPO 生成
    D. 稳定内皮细胞，减少出血
    E. 兴奋中枢神经改善微环境

54. 下列疾病中除了哪种疾病均有贫血，出血，全血细胞减少
    A. 再生障碍性贫血　　　　B. 脾功能亢进
    C. Evans 综合征　　　　　D. 阵发性睡眠性血红蛋白尿
    E. 骨髓增生异常综合征

55. 全血细胞减少不见于哪种疾病
    A. 阵发性睡眠性血红蛋白尿　B. 急性早幼粒细胞白血病
    C. 骨髓增生异常综合征　　　D. 巨幼细胞贫血
    E. 慢性粒细胞白血病慢性期

56. 下列不正确的治疗是

A. 慢性再生障碍性贫血-康力龙

B. 缺铁性贫血-硫酸亚铁

C. 自身免疫性溶血性贫血-糖皮质激素

D. 巨幼细胞性贫血-叶酸或维生素 B_{12}

E. 重型再生障碍性贫血-丙酸睾酮

57. In which of the following conditions would a trephine bone marrow biopsy add the most to information obtained on bone marrow aspirate

    A. aplastic anemia

    B. chronic myelogenous leukemia

    C. hemolytic anemia

    D. iron deficiency anemia

    E. pernicious anemia

58. A patient with severe pancytopenia and a low absolute reticulocyte count. What is the most likely diagnosis

    A. Acute leukemia

    B. Anemia secondary to inflammation

    C. Anemia secondary to chronic renal failure

    D. Tumor invasion of marrow

    E. Aplastic anemia

59. 抗人球蛋白试验阳性可见于下列哪种疾病

    A. 系统性红斑狼疮　　　　B. 遗传性球形细胞增多症

    C. 阵发性睡眠性血红蛋白尿　D. 阵发性寒冷性血红蛋白尿

    E. 异常血红蛋白综合征

60. 原位溶血时红细胞破坏的部位最主要是在

    A. 肝脏　　　　　　　　　B. 脾脏

    C. 血　　　　　　　　　　D. 骨髓

    E. 以上都不是

61. 急性溶血的开始症状是

    A. 腰背及四肢酸痛，头痛，呕吐，寒战，高热等

    B. 血红蛋白尿

    C. 休克

D. 昏迷

E. 肾衰竭

62. 慢性溶血的三个特征是
    A. 贫血，黄疸，脾大　　　　B. 贫血，黄疸，发热
    C. 贫血，发热，肝脾大　　　　D. 贫血，黄疸，肝大
    E. 贫血，黄疸，肝脾大

63. 热变性试验阳性表示
    A. 阵发性睡眠性血红蛋白尿　　B. 不稳定血红蛋白病
    C. 自身免疫性溶血性贫血　　　D. 海洋性贫血
    E. 新生儿溶血病

64. 红细胞吞噬现象和自身凝集反应，常在下列哪种贫血中多见
    A. 缺铁性贫血　　　　　　　　B. 溶血性贫血
    C. 营养不良性贫血　　　　　　D. 再生障碍性贫血
    E. 继发性贫血

65. 下列哪种表现不会出现于血管外溶血
    A. 网织红细胞增高
    B. 血清间接胆红素增多
    C. 尿呈深黄色，尿胆原排泄增多
    D. 尿呈深褐色，隐血试验阳性
    E. 骨髓幼红细胞明显增生

66. 以下哪项不属红细胞内部异常所致的溶血性贫血
    A. 自身免疫性溶血性贫血　　　B. 阵发性睡眠性血红蛋白尿
    C. 遗传性球形细胞增多症　　　D. 海洋性贫血
    E. 葡萄糖-6-磷酸脱氢酶缺乏

67. 下列哪项不是提示血管内溶血时红细胞破坏的检查
    A. 血红蛋白血症　　　　　　　B. 血清结合珠蛋白降低
    C. 血红蛋白尿　　　　　　　　D. 含铁血黄素尿
    E. 尿胆原排出增多

68. 关于溶血性输血反应以下错误的是
    A. 立即停止输血，将供者和受者血标本送血库作进一步检查
    B. ABO 血型不合时，溶血发生迅速；Rh 血型不合时，溶血多在 1~2 小时发生

C. 冷凝集血可以不发生溶血性输血反应

D. 血液保存不当也可发生溶血性输血反应

E. 尽早碱化尿液防止肾衰竭

69. 下列哪种疾病周围血片上不出现幼稚细胞

　　A. 急性粒细胞白血病　　B. 急性失血后贫血

　　C. 再生障碍性贫血　　　D. 溶血性贫血

　　E. 骨髓纤维化

70. 下列哪一项不是红细胞代偿增生的证据

　　A. 网织红细胞增加　　　B. 末梢血出现幼红细胞

　　C. 血片中有红细胞碎片　D. 骨髓幼红细胞增生活跃

　　E. X线显示骨髓腔增宽

71. 除哪一项外，均可发生Coombs试验阳性的溶血性贫血

　　A. 自身免疫性溶血性贫血　　B. 霍奇金病

　　C. 系统性红斑狼疮　　　　　D. 慢性淋巴细胞性白血病

　　E. 再生障碍性贫血

72. 关于自身免疫溶血性贫血，哪项说法是错误的

　　A. 患者红细胞是正常的

　　B. 其表面常吸附有不完全抗体IgG和（或）C3

　　C. 部分膜被破坏，成为球形红细胞

　　D. 常在血管内溶血

　　E. 糖皮质激素是首选的治疗

73. 对补体敏感的PNH细胞中，哪型红细胞的数量决定了血红蛋白尿的发作频度

　　A. I型红细胞的数量　　B. II型红细胞的数量

　　C. III型红细胞的数量　D. 以上都是

　　E. 以上都不是

74. 关于阵发性睡眠性血红蛋白尿，下列哪项是错误的

　　A. 发病高峰年龄在20～40岁

　　B. 尿外观为酱油样或红葡萄酒样

　　C. 血红蛋白尿一般在早上轻，下午重

　　D. 易合并血栓

　　E. 缺乏特效的治疗方法，主要是对症及支持疗法

75. 对阵发性睡眠性血红蛋白尿症最具有确诊意义的试验是
    A. 热溶血试验   B. 抗人球蛋白试验
    C. 酸化血清溶血试验   D. 蔗糖溶血试验
    E. 蔗糖溶血试验

76. 阵发性睡眠性血红蛋白尿，哪项是不对的？
    A. 可有全血细胞减少
    B. 红细胞对补体异常敏感，因而易有溶血
    C. 红细胞在偏酸的环境中易有溶血
    D. 此病是由于体内有自身抗体激活补体所致

77. 阵发性睡眠性血红蛋白尿可采用哪些治疗，除了
    A. 低分子右旋糖酐   B. 丙酸睾酮
    C. 糖皮质激素   D. 骨髓移植
    E. 脾切除

78. 粒细胞缺乏症是指外周血中
    A. 白细胞$<4\times10^9/L$，中性粒细胞$<2\times10^9/L$
    B. 白细胞$<3\times10^9/L$，中性粒细胞$<2\times10^9/L$
    C. 白细胞$<3\times10^9/L$，中性粒细胞$<1\times10^9/L$
    D. 白细胞$<2\times10^9/L$，中性粒细胞$<1\times10^9/L$
    E. 白细胞$<2\times10^9/L$，中性粒细胞$<0.5\times10^9/L$

79. 引起粒细胞缺乏症的原因为
    A. 抗肿瘤药物
    B. 化学因素（苯）
    C. 物理因素（如X线及放射性物质）
    D. 感染因素（病毒、细菌）
    E. 以上都是

80. 粒细胞缺乏症的发病原理是以下几项，除了
    A. 粒细胞的生成   B. 粒细胞破坏过多
    C. 粒细胞分布异常   D. 粒细胞释放障碍
    E. 粒细胞成熟障碍

81. 以下哪项不是粒细胞缺乏症血象的特点
    A. 白细胞$<2\times10^9/L$，中性粒细胞$<0.5\times10^9/L$
    B. 淋巴细胞相对增多

    C. 红细胞大致正常

    D. 血小板减少　　　　　　　E. 血小板形态正常

82. 引起粒细胞生成减少的药物是，除了

    A. 抗肿瘤药物　　　　　　　B. 抗甲状腺药

    C. 保肝药　　　　　　　　　D. 磺胺类

    E. 氯霉素

83. 骨髓增生异常综合征属于

    A. 红细胞系疾病　　　　　　B. 巨核细胞系疾病

    C. 造血干细胞克隆性疾病　　D. 粒细胞系疾病

    E. 浆细胞系疾病

84. 下列哪项不是骨髓增生异常综合征的骨髓象改变

    A. 红细胞巨幼样变，可见多核幼红细胞

    B. 环形铁粒幼细胞增多

    C. 可见多核幼巨核细胞上升

    D. 原始细胞＞30％

    E. 单核细胞增多

85. 哪些疾病可引起全血减少，除了

    A. 再生障碍性贫血　　　　　B. MDS

    C. 巨幼红细胞贫血　　　　　D. 急性白血病

    E. 缺铁性贫血

86. 关于骨髓增生异常综合征的治疗，哪项正确

    A. 口服维生素 B_{12} 及叶酸后，血象很快恢复

    B. 糖皮质激素治疗1个月后，血象正常

    C. 化疗疗效好，可根治本病

    D. Allo-BMT 能使部分患者长期缓解及至治愈

    E. 多数患者不需输血支持

87. 需行化疗的骨髓增生异常综合征是哪种类型

    A. RAEB 及 RAEB-T　　　B. RA

    C. RAS　　　　　　　　　　D. CMML

    E. RA 及 CMML

88. 关于 MDS 的转归，哪项不是？

    A. 部分可转成急性白血病

B. 部分可转成再生障碍性贫血

C. 未转变为急性白血病前死于感染

D. 极少数经长期治疗后，血液及临床恢复正常

E. 未转为白血病前死于出血

89. 5q⁻综合征多见于
    A. 急性白血病
    B. 真性红细胞增多症
    C. 原发性骨髓纤维化
    D. 骨髓增生异常综合征
    E. 原发性血小板增多症

90. 急性白血病发生贫血的最主要因素
    A. 骨髓造血受白血病细胞干扰
    B. 脾大，破坏红细胞过多
    C. 化疗后胃肠功紊乱，营养缺乏
    D. 严重皮肤黏膜及内脏出血
    E. 产生抗红细胞抗体

91. 易发生 DIC 的白血病是
    A. AML－M1
    B. ALL－L2
    C. AML－M5
    D. AML－M3
    E. CML－BC

92. 急性白血病浸润所致体征最多见于
    A. 中枢神经系统
    B. 心脏增大
    C. 胸骨压痛
    D. 牙龈肿胀，皮肤损害
    E. 淋巴结，肝脾大

93. 中枢神经系统白血病多见于
    A. 急性粒细胞性白血病
    B. 急性单核细胞白血病
    C. 慢性粒细胞性白血病
    D. 慢性淋巴细胞白血病
    E. 儿童急性淋巴细胞白血病

94. 慢性粒细胞性白血病最突出的特征是
    A. 粒细胞显著增多，脾明显肿大
    B. 乏力，低热，多汗
    C. 腹胀，食后饱胀
    D. 肝大
    E. 骨痛明显

95. 慢性粒细胞白血病病人有哪条染色体改变
    A. t（15；17）　　　　B. t（9；22）(q34；q11)
    C. t（8；14）　　　　　D. t（11；8）(q34；q11)
    E. 16号染色体结构异常

96. 慢性粒细胞白血病的根治性治疗是
    A. 异基因造血干细胞移植　　B. 自体造血干细胞移植
    C. 伊马替尼　　　　　　　　D. 羟基脲
    E. 干扰素-α

97. 慢性粒细胞白血病的靶向治疗药物是
    A. 阿糖胞苷　　　　　　　　B. 全反式维A酸
    C. 伊马替尼　　　　　　　　D. 羟基脲
    E. 干扰素-α

98. 哪种疾病不出现t（9；22）染色体异常
    A. ALL　　　　　　　　　　B. AML
    C. CML　　　　　　　　　　D. CMML
    E. 骨髓纤维化

99. NAP活性明显增高见于
    A. 慢性粒细胞性白血病慢性期
    B. 急性淋巴细胞白血病缓解期
    C. 恶性淋巴瘤IV期
    D. 类白血病反应
    E. 多发性骨髓瘤

100. 类白血病反应的特点是
    A. 外周血白细胞＞50×10⁹/L
    B. 外周血出现幼稚细胞，NAP活性增高
    C. 骨髓中幼稚粒细胞增高
    D 脾脏显著肿大
    E. 外周血嗜碱嗜酸粒细胞增高

101. The leukocyte alkaline phosphatase is usually decreased in
    A. pregnancy
    B. leukemoid reactions
    C. chronic myelogenous leukemia

D. polycythemia vera

E. myelosclerosis with myeloid metaplasia

102. splenomegaly is most striking in

   A. acute myelogenous leukemia

   B. polycythemia vera

   C. leukemoid reaction

   D. chronic myelogenous leukemia

   E. infectious mononucleosis

103. A white blood cell count of 200000 /mm^3 with 5% blast cells is most characteristic of

   A. chronic lymphocytic leukemia

   B. acute myelogenous leukemia

   C. leukemoid reaction

   D. chronic myelogenous leukemia

   E. acute lymphocytic leukemia

104. 下列哪项与急性淋巴细胞白血病的诊断不符

   A. 周围血全血细胞减少

   B. 周围血未见原始或幼稚粒细胞

   C. 骨髓原始与幼稚细胞占80%，过氧化酶染色阳性

   D. 胸骨有压痛

   E. 淋巴结不肿大

105. 治疗白血病措施哪项是不正确的

   A. 感染时可采用抗生素治疗

   B. 严重贫血可肌注 VitB$_{12}$ 及叶酸

   C. 骨髓移植治疗

   D. 化学药物治疗

   E. 严重贫血时，输注成分血

106. Auer 小体不见于下列哪种白血病

   A. 急性粒细胞白血病　　B. 急性淋巴细胞白血病

   C. 急性单核细胞白血病　D. 急性粒-单核细胞白血病

   E. 急性早幼粒细胞白血病

107. 不正确的化疗选择是

A. 急性淋巴细胞白血病-DVLP方案

B. 非霍奇金淋巴瘤-VAD方案

C. 霍奇金病-MOPP方案

D. 多发性骨髓瘤-M2方案

E. 慢性淋巴细胞白血病-苯丁酸氮芥

108. 化疗后粒细胞缺乏患者不可采用的治疗是
   A. G-CSF	B. 白细胞输注
   C. 预防性抗生素治疗	D. 白细胞分离
   E. GM-CSF

109. 干扰素-α不用于哪些疾病的治疗
   A. 慢性粒细胞白血病	B 非霍奇金淋巴瘤
   C. 多发性骨髓瘤	D. 真性红细胞增多症
   E. 急性淋巴细胞白血病

110. 脾大不见于哪种疾病
   A. 慢性粒细胞白血病	B. 非霍奇金淋巴瘤
   C. 特发性血小板减少性紫癜	D. 再生障碍性贫血
   E. 急性淋巴细胞白血病

111. 白血病化疗期间加用别嘌呤醇的目的是
   A. 增加长春新碱的作用	B. 增加阿糖胞苷的作用
   C. 增加环磷酰胺的作用	D. 增加泼尼松的作用
   E. 降低血液中尿酸浓度

112. 睾丸白血病多见于
   A. 急性粒细胞白血病
   B. 急性单核细胞白血病
   C. 急性淋巴细胞白血病化疗前
   D. 急性淋巴细胞白血病化疗中
   E. 急性淋巴细胞白血病化疗缓解后

113. 预后良好的急性白血病类型是
   A. Ph阳性ALL	B. t（8；21）AML
   C. T细胞ALL	D. 急性粒单细胞白血病
   E. 急性巨核细胞白血病

114. 甲氨蝶呤的主要副作用是

A. 出血性膀胱炎　　　　B. 抗利尿激素异常分泌综合征
C. 消化道溃疡　　　　　D. 心脏毒性
E. 血糖增高

115. 血液肿瘤患者化疗后最常见的导致感染的病原菌是
　　A. 真菌　　　　　　　B. 革兰阳性菌
　　C. 革兰阴性菌　　　　D. 病毒
　　E. 支原体

116. 鞘内注射预防中枢神经系统白血病后，患者头痛的最常见原因为
　　A. 颅内感染　　　　　B. 化学性蛛网膜炎
　　C. 白质脑病　　　　　D. 脑梗死
　　E. 蛛网膜下腔出血

117. 急性白血病应用COAP方案化疗中，出现血尿，应首先考虑为
　　A. DIC　　　　　　　B. 泌尿系感染
　　C. 血小板减少　　　　D. 溶血
　　E. 环磷酰胺引起的出血性膀胱炎

118. 我国成人白血病最常见的是
　　A. ALL　　　　　　　B. AML
　　C. CML　　　　　　　D. AMLL
　　E. CLL

119. 扩大照射治疗适于霍奇金病的哪些期
　　A. ⅠB，ⅡB期　　　　B. ⅠB，ⅡA期
　　C. ⅠB，ⅡB期，ⅢA期　D. ⅠA，ⅡB期
　　E. ⅠA，ⅡA期

120. 下列非霍奇金淋巴瘤预后最差的类型是
　　A. 小淋巴细胞性
　　B. 黏膜相关性淋巴样组织淋巴瘤
　　C. 滤泡性淋巴瘤
　　D. 弥漫性大细胞性淋巴瘤
　　E. 淋巴母细胞性淋巴瘤

121. 恶性淋巴瘤最典型的临床表现为

A. 无痛性淋巴结肿大　　B. 肝脾肿大
C. 体重减轻　　　　　D. 发热
E. 贫血

122. 霍奇金淋巴瘤组织分型中，我国最常见的类型为
    A. 淋巴细胞为主型　　B. 结节硬化型
    C. 混合细胞型　　　　D. 淋巴细胞耗竭型
    E. 富淋巴细胞典型霍奇金淋巴瘤

123. 慢性淋巴细胞白血病的主要治疗原则正确的是
    A. A期患者观察随访，暂不治疗
    B. A期患者予以瘤可宁治疗
    C. B期患者均不治疗
    D. C期患者干扰素治疗
    E. 幼淋变患者给予羟基脲治疗

124. 多发性骨髓瘤，下列哪项最有诊断价值
    A. 异常免疫球蛋白增多
    B. 尿本-周蛋白阳性
    C. 病理性骨折
    D. 肾功能障碍
    E. 骨髓发现多数骨髓瘤细胞

125. 多发性骨髓瘤最主要的治疗是
    A. 化学治疗　　　　B. 雄激素
    C. 糖皮质激素　　　D. 放射治疗
    E. 支持治疗

126. 对于多发性骨髓瘤，下列哪项是错误的
    A. 血黏度增高可成为血栓的原因
    B. 骨髓瘤细胞是异常增生的浆细胞
    C. 尿本-周蛋白是免疫球蛋白重链出现于尿中所致
    D. 骨质破坏主要为溶骨性
    E. 常有出血倾向

127. 多发性骨髓瘤的肾功能损害（尿毒症）发病机理
    A. 凝溶蛋白沉积于肾小管上皮细胞
    B. 凝溶蛋白沉积于肾小球上皮细胞

C. 血磷过高

D. 高黏滞性综合征

E. 脱水、感染

128. 下列哪项不符合多发性骨髓瘤的血液学改变

A. 无幼粒、幼红细胞　　B. 正细胞正色素性贫血

C. 血片中见 RBC 排成钱串状　D. 血沉显著增快

E. 全血细胞减少

129. 初发的肾功能不全的多发性骨髓瘤患者的首选化疗方案为

A. MP 方案　　　　　　B. VDP 方案

C. VAD 方案　　　　　 D. DA 方案

E. HOAP 方案

130. 多发性骨髓瘤骨痛患者的主要治疗为

A. 双膦酸盐加化疗　　　B. 化疗

C. 反应停　　　　　　　D. 双膦酸盐

E. 干扰素

131. 多发性骨髓瘤诊断依据正确的是，骨髓中浆细胞形态异常，且浆细胞数为

A. >25%　　　　　　　B. >20%

C. >15%　　　　　　　D. >10%

E. >5%

132. 关于多发性骨髓瘤，下列哪项是错误的

A. IgG 型最多见　　　　B. 易发生感染

C. 易发生肾功能损害　　D. 血清 AKP 常增高

E. 血钙常增高

133. 多发性骨髓瘤易感染的原因是

A. 细胞免疫缺陷　　　　B. γ-球蛋白分解过多

C. 补体合成减少　　　　D. 多年老体弱

E. 肾功能损害

134. 多发性骨髓瘤常用的 M2 方案

A. 卡氮介＋环磷酰胺＋马法兰＋泼尼松

B. 环磷酰胺＋长春新碱＋泼尼松＋卡氮介

C. 环磷酰胺＋苯丙酸氮介＋长春新碱＋泼尼松

D. 长春新碱＋马法兰＋泼尼松＋卡氮介

E. 甲氨蝶呤＋苯丙酸氮介＋泼尼松＋卡氮介

135. 骨髓增生性疾病包括以下哪些疾病，除了
    A. 真性红细胞增多症　　B. 慢性髓性白血病
    C. 慢性淋巴细胞性白血病　D. 原发性血小板增多症
    E. 骨髓纤维化

136. 一患者疑诊原发性骨髓纤维化，下列哪项不支持此诊断
    A. 外周血可见幼粒、幼红细胞
    B. 血小板增多
    C. 中性粒细胞碱性磷酸酶积分低
    D. 血片发现泪滴样红细胞
    E. 网织红细胞轻度增高

137. 下列哪项不属于骨髓增生性疾病的共同特点
    A. 核蛋白破坏过多，血尿酸增高
    B. 均可见到 Ph 染色体
    C. 这些病之间可以互相转化，或同时合并存在
    D. 可伴髓外造血，不同程度肝脾大
    E. 骨髓常有一种或两种其他细胞增生

138. 关于真性红细胞增多症的并发症，下列哪项不正确
    A. 晚期可发生骨髓纤维化症，使外周血片出现泪滴形红细胞
    B. 能转化为急性白血病临床表现
    C. 并发十二指肠溃疡合并出血率高
    D. 血小板功能紊乱
    E. 大多数病人可发生铁负荷过多综合征与充血性心衰

139. 原发性血小板增多症诊断依据不包括
    A. 血小板＞$1000×10^9$/L
    B. 骨髓增生活跃，以巨核细胞为主，有大量血小板形成
    C. 无出血倾向，WBC 计数不增多
    D. 多数脾大
    E. 除外反应性继发血小板增多症和其他骨髓增生性疾患

140. 下列各项中不符合成人特发性血小板减少性紫癜特征的是
    A. 紫癜多出现于四肢　　B. 女性仅表现为月经量过多

C. 脾大，多超过肋下 5cm　　D. 口腔黏膜血疱

E. 牙龈出血

141. 特发性血小板减少性紫癜最常见的死亡原因是

A. 脑出血　　　　　　　　B. 心源性休克

C. 胃肠道出血　　　　　　D. 骨髓机能不全

E. 严重感染

142. 在特发性血小板减少性紫癜的急症处理中，应用静脉注射丙种球蛋白的主要机制是什么

A. 改善毛细血管通透性

B. 刺激骨髓造血

C. 刺激血小板向外周血释放

D. 封闭 Fc 受体、中和抗体以及免疫调节

E. 以上都是

143. 特发性血小板减少性紫癜 (ITP) 主要发病机制是

A. 脾脏吞噬血小板增多　　B. 骨髓巨核细胞生成减少

C. 骨髓巨核细胞成熟障碍　D. 雌激素抑制血小板生成

E. 有血小板抗体

144. 急性特发性血小板减少性紫癜出血症状的特点为

A. 分批出现大小不等，高出皮面的淤点

B. 牙龈出血，鼻出血，皮肤淤点，淤斑为多见

C. 损伤后迟发出血

D. 常见有深部血肿

E. 常见有关节出血

145. 特发性血小板减少性紫癜时可有

A. 凝血时间延长　　　　　B. 骨髓巨核细胞消失

C. 血浆游离血红蛋白增多　D. 网织红细胞绝对值降低

E. 血小板寿命缩短

146. A child with a decreased platelet count and large numbers of marrow megakaryocytes most likely has

A. idiopathic thrombocytopenia

B. thrombotic thrombocytopenia

C. Waldenstroms macroglobulinemia

D. an early manifestation of an impending aplastic anemia

E. leukemia

147. A patient with petechiae is most likely to have

A. thrombocytopenia B. sickle cell disease

C. hemophilia A D. leukopenia

E. cirrhosis

148. 关于血友病 A 正确的是

A. BT 延长，CT 延长

B. BT 延长，PT 延长

C. CT 延长，APTT 延长

D. APTT 延长，毛细血管脆性增加

E. 毛细血管脆性增加，PT 延长

149. 男性，确诊血友病 A，与正常女性结婚，遗传正确的是

A. 其子女只有男孩正常 B. 其女儿有 50％患血友病

C. 其女儿有 25％患血友病 D. 其子女只有男孩不正常

E. 其子女均为杂合子

150. 下列各项中正确的是

A. vWF 是由肝细胞合成的 B. 只能是男性发病

C. 出血以关节腔为主 D. 出血随年龄增加而加重

E. vWD 除了遗传因素外，也可以在多种疾病的基础上发生

151. 下列哪项检查可确诊 vWD

A. BT 延长，APTT 延长

B. 血小板黏附功能减低

C. 血小板对瑞斯托霉素的诱导不产生聚集

D. vWFAg、Ⅷ：C 活性均减低

E. Ⅷ：C 活性减低

152. 下列各项中参与外源性第一阶段的凝血过程是

A. Ⅶ因子 B. Ⅺ因子

C. Ⅸ因子 D. Ⅻ因子

E. Ⅶ因子

153. 外源性凝血系统的作用起始于

A. 第Ⅻ因子被激活

B. 血管损伤时,内皮细胞表达 TF 并释入血流
C. 第Ⅻ及第Ⅹ因子的释放
D. 血小板第三因子释放
E. 凝血酶形成

154. 内源性凝血系统的始动因子是
    A. 组织凝血活酶   B. Ca^{2+}
    C. VIII 因子   D. XII 因子
    E. X 因子

155. 凝血活酶的组成是
    A. X＋V＋Ca^{2+}＋磷脂
    B. VII＋III＋X＋V＋Ca^{2+}＋磷脂
    C. Xa＋V＋Ca^{2+}＋磷脂
    D. XII＋XI＋VII＋X＋Ca^{2+}＋磷脂
    E. 以上都不是

156. 血块退缩不良的主要原因是
    A. VIII 因子缺乏   B. 血小板质和量的异常
    C. 凝血酶原缺乏   D. 血管通透性增加
    E. 组织因子缺乏

157. DIC 发病过程的中心环节是
    A. 凝血酶消耗过多   B. 促凝物质产生过多
    C. 凝血酶产生过多   D. 纤维蛋白溶解增多
    E. 血小板消耗增多

158. DIC 的治疗,最根本的措施是
    A. 抗凝治疗   B. 补充血小板和凝血因子
    C. 改善微循环及纠正休克 D. 消除病因
    E. 纤溶抑制剂

159. DIC 应用肝素治疗的主要作用是
    A. 增加 AT－III 的含量   B. 中和血小板 3 因子
    C. 增加 AT－II 的含量   D. 抑制凝血活酶和凝血酶形成
    E. 增加 VIII 因子活性

160. 提示 DIC 的是
    A. 球形红细胞   B. 点彩红细胞

C. 靶形红细胞　　　　　　D. 锯齿状红细胞

E. 红细胞碎片

161. 关于凝血因子正确的是
    A. 用罗马字命名的凝血因子共 13 种
    B. 所有凝血因子均存在于血液中
    C. 大多数凝血因子以维生素 K 为原料，在肝脏合成
    D. 所有凝血因子均具有酶的活性
    E. 新发现的凝血因子称前激肽释放酶

162. 关于正常的凝血和纤维蛋白溶解过程，下列哪一项是正确的
    A. 始于因子Ⅲ被激活，止于纤维蛋白降解产物的形成
    B. 因子Ⅳ、V、PF_3 复合物称凝血活酶
    C. 凝血酶激活因子Ⅲ，称为凝血酶的"自我催化"作用
    D. 纤维蛋白溶解酶的激活始于纤维蛋白多聚体形成
    E. 外源性凝血过程第一阶段不需要 PF_3 参与

163. 凝血酶原时间正常，白陶土部分凝血活酶生成时间延长，见于下列何种凝血因子缺乏
    A. Ⅶ　　　　　　　　　　B. Ⅺ
    C. V　　　　　　　　　　D. Ⅷ
    E. PF_3

164. VitK 缺乏主要影响哪些凝血因子的合成？
    A. Ⅱ、Ⅶ、Ⅸ、Ⅹ　　　　B. Ⅱ、Ⅶ、V、Ⅸ
    C. V、Ⅶ、Ⅸ、Ⅹ　　　　D. V、Ⅶ、Ⅷ、Ⅸ
    E. V、Ⅶ、Ⅷ、Ⅹ

165. 关于溶栓疗法正确的是
    A. 动脉血栓最好在 6 小时内进行
    B. 静脉血栓最好在 24 小时内进行
    C. 应监测血小板和血纤维蛋白原
    D. t-PA 是常用的溶栓药物
    E. 陈旧血栓都应手术

166. 在 DIC 时较少使用的是
    A. 新鲜全血　　　　　　B. 新鲜血浆
    C. 纤维蛋白原　　　　　D. 凝血酶原复合物

E. 血小板

167. 狼疮样抗凝物是一种
   A. 纤维蛋白降解产物   B. 抗磷脂抗体
   C. vWF   D. Ⅷ因子抗体
   E. 类风湿因子

168. 容易发生血栓的血液系统疾病包括
   A. PNH   B. TTP
   C. 血小板增多症   D. 真性红细胞增多症
   E. 以上都是

169. 以下哪项是弥散性血管内凝血的基本和特异性病理变化
   A. 初发性高凝   B. 消耗性低凝
   C. 继发性纤溶亢进   D. 微血栓形成
   E. 微循环障碍

170. 肝素治疗 DIC 时，使 APTT 延长多少为最佳剂量
   A. 延长 30%～100%   B. 延长 40%～100%
   C. 延长 50%～100%   D. 延长 60%～100%
   E. 延长 70%～100%

171. 弥漫性血管内凝血哪项是错误的
   A. 出血时间延长   B. 凝血时间延长
   C. 凝血酶原时间延长   D. 部分凝血活酶时间延长
   E. 外周血小板增多

172. 不符合凝血机制障碍性疾病的是
   A. 深部血肿   B. 大片、单独的皮下淤斑
   C. 关节腔出血   D. 迟发出血
   E. 80%～90%是男性遗传性疾病

173. 有关输血不正确的是
   A. 申请输血由医护人员完成
   B. 输血前应签署《输血治疗同意书》
   C. 由地方血站采血、供血
   D. 由血库配血
   E. 由血库做输血后评价

174. 输血不包括

A. 血小板 B. 供者淋巴细胞输注
C. 白蛋白 D. 706代血浆
E. 丙种球蛋白

175. 糖皮质激素不适用于
    A. ITP B. 感染中毒性休克合并DIC
    C. 血友病 D. 过敏性紫癜
    E. 严重肝脏疾病

176. VitK₁治疗下列何种疾病无效
    A. ITP B. 肝硬化
    C. 华法林过量 D. 新生儿出血
    E. 胆管癌术后出血

[A2型题]

177. 女性，24岁，贫血1年，血红蛋白80g/L，红细胞3.0×10^{12}/L，网织红细胞2.7%，白细胞、血小板正常，经用铁剂治疗7天后，血红蛋白不升，网织红细胞4.3%，最可能的诊断是
    A. 营养性巨幼红细胞性贫血 B. 缺铁性贫血
    C. 铁粒幼细胞性贫血 D. 溶血性贫血
    E. 以上都不是

178. 男性，35岁，胃区隐痛3年，与饮食有关，间有黑便。检查：血红蛋白75g/L，红细胞3.1×10^{12}/L，白细胞5.9×10^9/L，血小板130×10^9/L，患者贫血最大可能是以下哪种类型？
    A. 营养不良性贫血 B. 缺铁性贫血
    C. 慢性肝病贫血 D. 巨幼红细胞性贫血
    E. 溶血性贫血

179. 男性，45岁，因十二指肠球部溃疡大出血于6年前作胃次全切除术，术后胃痛好转，但近2年渐觉乏力，食欲减少，查血Hb60g/L，RBC 4.9×10^{12}/L，MCV 70fl，MCHC 26%，WBC和PLT均正常，粪便隐血阴性，服硫酸亚铁0.3g 1日3次，并注射维生素B₁₂已3个月，无明显效果，首选应如何处理

A. 加用叶酸口服　　　　　B. 继服铁剂
C. 加大口服铁剂　　　　　D. 改用注射铁剂治疗
E. 肌注维生素 B_{12}

180. 女性，29岁，贫血病史1年，浅表淋巴结不肿大，肝脾未触及，血象呈现全血细胞减少，若诊断再生障碍性贫血，哪项意义最大

A. 网织红细胞减少
B. 骨髓增生低下，造血细胞减少
C. 骨髓非造血细胞增多，NAP 增加
D. 铁粒幼血细胞消失
E. 巨核细胞增多

181. 女性，32岁，月经增多伴发热2周，Hb 50g/L，WBC 3.2×10^9/L，血小板 30×10^9/L，骨髓象呈成熟红细胞与有核细胞比例 100∶1，该病诊断

A. 急性白血病早期　　　　B. 急性再生障碍性贫血
C. 急性 ITP 伴缺铁性贫血　D. 类白血病反应
E. 粒细胞缺乏症早期

182. 男性，28岁，头晕乏力一年半，皮肤散在出血点，血象 Hb 65g/L，RBC 2×10^{12}/L，WBC 1.8×10^9/L，白细胞分类，淋巴细胞80%，中性20%，骨髓增生低下，诊断为

A. 骨髓纤维化　　　　　　B. 慢性再生障碍性贫血
C. 急性再生障碍性贫血　　D. 脾功能亢进
E. 白血病

183. 女性，26岁，头昏乏力3个月，偶有牙龈出血，体查时贫血貌，浅表淋巴结及肝脾不大，骨髓增生低下，巨核细胞未见，淋巴细胞相对增多下列哪项治疗是错误的

A. 异基因骨髓移植最有效　B. 避免使用皮质激素
C. 雄激素可损害肝功能　　D. 脾切除对部分病人可以有效
E. 反复输血可致铁负荷过重

184. 男性，28岁。贫血5年，检查：血红蛋白60g/L，血小板 25×10^9/L，白细胞 2.8×10^9/L，网织细胞0.3%，骨髓增生活跃，其中浆细胞5%，淋巴细胞50%，组织嗜碱细胞3%，巨

核细胞少见,Ham 试验（-）。此患者应用哪种治疗最佳
A. 利血生 B. 输全血
C. 输浓缩血小板 D. 康力龙
E. 糖皮质激素

185. 一贫血患者,女,30 岁,轻度黄疸,脾肋下 2cm,血红蛋白 70g/L,网织红细胞 8%,血清铁 14.3μmol/L,GPT 正常,Coombs 试验阳性,诊断首先考虑为
A. 黄疸型肝炎 B. 早期肝硬化
C. 缺铁性贫血 D. 自体免疫性溶血性贫血
E. 肝炎合并继发性贫血

186. 女性,30 岁,头昏发热半年,无奎尼丁等药物应用史,巩膜黄染,Hb 90×10⁹/L,网织红细胞 0.2,PLT 100×10⁹/L,Coombs 试验阳性,病人首选的治疗是
A. 脾切除 B. 泼尼松
C. 硫唑嘌呤 D. 甲氨蝶呤
E. 环孢素

187. 女性,13 岁,学生,头晕,乏力,尿黄 1 个月,Hb 86g/L,RBC 3.0×10¹²/L,WBC 11.0×10⁹/L,PLT 50×10⁹/L,Coombs 试验阳性,最可能的诊断为
A. 阵发性睡眠性血红蛋白尿 B. 阵发性寒冷性血红蛋白尿
C. 自体免疫溶血性贫血 D. Evans 综合征
E. G6PD 缺乏症

188. 女性,12 岁,学生,反复发热,尿色加深 4 年,5 天来又同样发作,查体:轻度贫血貌,巩膜轻度黄染,肝肋下 1.5cm,脾肋下 4.0cm,血红蛋白 80g/L,网织红细胞 0.076,骨髓增生明显活跃,幼红细胞占 54%,部分成熟红细胞呈小圆形,深染,中央苍白区消失,红细胞渗透脆性增加,Coombs 试验阴性,尿含铁血黄素试验阴性,尿胆红素阴性,血清间接胆红素增高,本病例最有效的治疗方法
A. 输血 B. 雄性激素
C. 糖皮质激素 D. 脾切除
E. 补充铁剂

189. 男性，16岁，酱油色尿半年，乏力，苍白，全血细胞减少，Hb 38g/L，中性粒细胞碱性磷酸酶积分减低，网织红细胞 0.028，Ham试验阳性，该患者最恰当的输血治疗是

    A. 输新鲜全血　　　　　B. 输丙种球蛋白
    C. 输血小板悬液　　　　D. 输去血浆并经盐水洗涤2次的红细胞
    E. 输去血浆并经盐水洗涤3次的红细胞

190. 男性，24岁，贫血1年，皮肤有散在出血点，肝脾未及，血红蛋白60g/L，红细胞 $2.0 \times 10^{12}/L$，白细胞 $1.8 \times 10^9/L$，血小板 $28 \times 10^9/L$，网织红细胞4.5%，骨髓增生活跃，粒系及红系多为晚期阶段，巨核细胞缺如，酸化血清溶血试验（＋）。最可能诊断为

    A. 再生障碍性贫血　　　　B. 急性白血病
    C. 特发性血小板减少性紫癜　D. 脾功能亢进
    E. 阵发性睡眠性血红蛋白尿

191. 女性，16岁，高热、寒战、腰痛2天，尿呈酱油色，红细胞 $2.0 \times 10^{12}/L$，网织红细胞50%，血Ham试验（＋），血红蛋白尿（＋），如何处理最佳

    A. 输新鲜全血　　　　　B. 输压积红细胞
    C. 输洗涤红细胞　　　　D. 输血浆
    E. 脾切除

192. 女性，20岁，工人，齿龈出血，月经过多已半年，皮肤有散在淤点，脾肋下2cm，血红蛋白80g/L，白细胞 $5.2 \times 10^9/L$，血小板 $20 \times 10^9/L$，尿常规正常，骨髓巨核细胞80个/片，均为颗粒型，诊断最大可能是

    A. 脾功能亢进　　　　　　　B. 特发性血小板减少性紫癜
    C. 血栓性血小板减少性紫癜　D. 过敏性紫癜
    E. 再生障碍性贫血

193. 女性，20岁，月经过多2年，无家族史，贫血貌，巩膜无黄染，双下肢散在紫癜，脾肋下1cm，肝未触及，Hb 80g/L，WBC $4.0 \times 10^9/L$，PLT $21 \times 10^9/L$，出血时间10分钟，凝血时间正常，骨髓示巨核系统细胞数增多，成熟障碍，最有价值的治疗是

A. 脾切除 B. 免疫抑制剂
C. 雄激素 D. 血小板悬液输注
E. 糖皮质激素

194. 女性，20 岁，一年来反复下肢紫癜，月经过多，病前无服药史，脾肋下 1cm，肝未及，血红蛋白 100g/L，白细胞 $5.4\times10^9/L$，血小板 $25\times10^9/L$，肝肾功能正常，LE 细胞 (-)，骨髓增生活跃，可见 31 个巨核细胞，其中幼稚型 6 个，颗粒型 25 个，产板型未见，PaIgG 增高，最可能的诊断为

    A. 再生障碍性贫血 B. 巨幼红细胞贫血
    C. ITP D. 脾功能亢进
    E. SLE

195. 女性，21 岁，月经量增多，伴反复下肢紫癜 1 年，肝脾未及，血红蛋白 90g/L，白细胞 $4.3\times10^9/L$，血小板 $20\times10^9/L$，网织红细胞 3%，骨髓有核细胞增生活跃，巨核细胞 180 个，细胞产板型巨核细胞减少，应做哪些检查以协助诊断

    A. 酸化血清溶血试验 B. 血小板相关抗体（PAIgG）
    C. 凝血象 D. 凝血酶原时间
    E. 血小板聚集试验

196. 足量糖皮质激素治疗半年无效的青年人特发性血小板减少性紫癜，进一步治疗多选用

    A. 脾切除 B. 免疫抑制剂
    C. 血宁片 D. 输新鲜血
    E. 男性激素

197. 女性，24 岁，月经量增多，伴反复下肢紫癜 1 年，病前无服药史，肝脾未及，血红蛋白 100g/L，白细胞 $5.3\times10^9/L$，血小板 $25\times10^9/L$，骨髓增生活跃，巨核细胞 200 个，产板巨减少，以下哪项治疗不适宜

    A. 首选糖皮质激素
    B. 反复输浓缩血小板
    C. 激素使用 6 个月无效可行脾切除
    D. 如病人用激素无效，也可加用长春新碱
    E. 如病人妊娠，可采用大剂量免疫球蛋白

198. 女性，20岁。2周来全身皮肤紫癜，鼻出血，血红蛋白110g/L，白细胞 7.5×10^9/L，血小板 25×10^9/L，骨髓增生活跃，巨核细胞多见，产板型巨核细胞减少，其最可能的预后
   A. 大多数病人预后差　　　B. 经治疗后多数病人可治愈
   C. 易合并败血症　　　　　D. 常合并严重出血
   E. 成年人较易合并颅内出血

199. 男性，病史2周，贫血伴周身出血点，浅表淋巴结不肿大，胸骨压痛（＋），肝脏轻度肿大，外周血白细胞 25×10^9/L，可见幼稚细胞，血小板 50×10^9/L，血红蛋白40g/L，该患者最可能诊断
   A. 败血症　　　　　　　　B. 再生障碍性贫血
   C. 过敏性紫癜　　　　　　D. 急性白血病
   E. 恶性淋巴瘤

200. 男性，25岁，发热，牙龈出血，皮肤淤斑5天，胸骨压痛明显，肝脾肋下触及。血红蛋白70g/L，白细胞 50×10^9/L，血小板 20×10^9/L，骨髓：原始细胞0.90，POX（-），PAS阳性呈粗颗粒状，非特异性酯酶阴性，血清溶菌酶正常，诊断为
   A. 急性粒细胞白细胞　　　B. 急性早幼粒细胞白血病
   C. 急性单核细胞白血病　　D. 急性淋巴细胞白血病
   E. 急性红白血病

201. 女性，18岁，发热咽痛鼻出血10天，胸骨压痛明显，右下肢皮肤可触3cm×3cm大小肿块，质硬。红细胞 2.34×10^{12}/L，血红蛋白60g/L，白细胞 2×10^9/L，血小板 20×10^9/L，骨髓增生极度活跃，原始细胞80%，部分胸浆中可见Auer小体，POX染色弱阳性，PAS染色胞浆淡红色，醋酸萘酚酯酶染色阳性，能被NaF抑制，诊断是
   A. 急性粒细胞白血病　　　B. 急性早幼粒细胞白血病
   C. 急性单核细胞　　　　　D. 急性红白血病
   E. 急性淋巴细胞白血病

202. 男性，30岁，发热，出血，贫血，齿龈增生，全血细胞减少，骨髓增生极度活跃，原始细胞占85%，过氧化物酶（＋），非

特异性酯酶（+++），诊断为

    A. 急性淋巴细胞白血病 L2 型

    B. 急性粒细胞性白血病 M1 型

    C. 急性粒细胞性白血病 M5 型

    D. 急性粒细胞性白血病 M3 型

    E. 急性粒细胞性白血病 M6 型

203. 女性，40岁，低热半年，牙龈易出血，全身浅表淋巴结肿大，肝右肋缘下3cm，脾肋下10cm，化验：血红蛋白110g/L，白细胞计数 $200×10^9/L$，原粒及早幼粒为6%，骨髓原粒为2%，Ph染色体（+），诊断为

    A. 急性粒细胞性白血病   B. 慢性粒细胞性白血病

    C. 慢性淋巴细胞性白血病   D. 慢性粒细胞性白血病急变

    E. 类白血病反应

204. 男性，45岁，平素健康，因感冒就诊发现肝肋下3cm，脾肋下10cm，红细胞 $4.5×10^{12}/L$，白细胞 $300×10^9/L$，血小板 $250×10^9/L$，白细胞分类：中幼粒以下细胞为主，中性粒细胞碱性磷酸酶活性显著减低，诊断考虑为

    A. 急性粒细胞白血病   B. 肝硬化合并感染

    C. 败血症   D. 类白血病反应

    E. 慢性粒细胞性白血病

205. 男性，24岁，贫血，消瘦，乏力2个月。脾肋下6cm。WBC $30.0×10^9/$，Hb 80g/L，RBC $4.20×10^{12}/L$，PLT $180×10^9/L$，中性粒细胞碱性磷酸酶活性减低，骨髓象：增生Ⅰ级，中晚幼粒细胞明显增多，嗜酸、嗜碱细胞易见。最恰当的治疗为

    A. DA方案化疗   B. 羟基脲

    C. 苯丁酸氮芥   D. VP方案化疗

    E. HOAP方案化疗

206. 男性，慢性粒细胞白血病确诊3年，近来不明原因发热，贫血加重，脾进行性肿大。血小板 $90×10^9/L$，骨髓中原始细胞38%，口服马利兰及用抗生素无效。下列哪种情况最为可能？

    A. 慢性粒细胞性白血病并感染

B. 类白血病反应
C. 慢性粒细胞性白血病并 DIC
D. 慢性粒细胞性白血病加速期
E. 慢性粒细胞性白血病急变期

207. 男性,38 岁。确诊为急性早幼粒细胞白血病。化疗后牙龈出血,皮肤片状淤斑。血小板 $30×10^9/L$。血片破碎红细胞 2.2%,凝血酶原时间延长,纤维蛋白原含量减低,3P 试验阳性。该患者首选治疗是

    A. 肝素　　　　　　　　B. 血小板输注
    C. 抗纤溶治疗　　　　　D. 化疗
    E. 维 A 酸

208. 男性,17 岁,发热,鼻出血,面色苍白 1 周,骨髓象为原始+幼稚细胞 89.5%,未见 Auer 小体,红细胞生成受抑,巨核细胞减少,幼稚细胞过氧化酶染色阴性,PAS 阳性,近日两侧睾丸肿大,最好采取哪种治疗?

    A. 抗生素　　　　　　　B. 手术切除
    C. 放射治疗　　　　　　D. 鞘内化疗
    E. 全身化疗

209. 女性,60 岁,四肢骨痛,鼻出血半年,血 Hb 65g/L,WBC $2.8×10^9/L$,PLT $30×10^9/L$,尿本周蛋白 2g/24h,骨髓浆细胞 15%,可见多核浆细胞,X 线示广泛骨质疏松,该患者应首先给予哪种治疗?

    A. 输血小板悬液　　　　B. 输新鲜全血
    C. M2 方案化疗　　　　 D. 干扰素
    E. MP 方案化疗

210. 某患鼻出血及皮肤紫癜,胸骨压痛(+),肝脾未触及,骨髓:原始细胞 2%,早幼粒细胞 89%,颗粒明显,可见内外浆,能找到 Auer 小体,过氧化酶强阳性,非特异酯酶染色阴性,最恰当常用的治疗方案是

    A. VP 方案　　　　　　　B. DA 方案
    C. ATRA　　　　　　　　D. VLDP 方案
    E. HAD 方案

211. 男性，40岁，乏力消瘦3个月，肝大，脾大肋下1.5cm，Hb 80g/L，WBC 24.0×10⁹/L，分类：原粒1%，早幼粒6%，中幼粒12%，晚幼粒13%，杆状核28%，分叶核26%，嗜酸晚幼粒2%，嗜碱5%，PLT 500×10⁹/L，中性粒细胞碱性磷酸酶积分0分，骨髓有核细胞增生极度活跃，G/E=7:1，中幼粒比值增高，嗜酸、嗜碱细胞高于正常，巨核细胞成堆易见，首先选择的治疗是

 A. 羟基脲　　　　　　 B. 马利兰
 C. 干扰素　　　　　　 D. 瘤可宁
 E. 环磷酰胺

212. 男性，28岁，苍白，齿龈出血，鼻出血2个月，发热1周。肝大肋下1.2cm，Hb 45g/L，WBC 4.5×10⁹/L。骨髓：原始+幼稚细胞79.5%，Auer小体可见，红细胞生成受抑，巨核细胞减少，幼稚细胞过氧化酶染色强阳性，最恰当的治疗为

 A. VP方案　　　　　　 B. VLP方案
 C. 羟基脲　　　　　　 D. DA方案
 E. 瘤可宁

213. 女性，15岁，发热，咽痛，关节痛半个月。查体：贫血貌，胸骨有压痛，脾肋下2cm。化验：Hb 80g/L，WBC 210×10⁹/L，PLT 100×10⁹/L，骨髓象：增生极度活跃，原始细胞78%，过氧化物酶阴性，非特异酯酶阴性，最可能的诊断为

 A. 急性粒细胞白血病　　 B. 急性淋巴细胞白血病
 C. 慢性粒细胞白血病　　 D. 传染性单核细胞白血病
 E. 急性单核细胞白血病

214. 男性，22岁，因全血细胞减少，经骨髓穿刺检查被确诊为AML-M2 t(8;21)，经化疗达完全缓解，该病人下一阶段最合适的治疗为

 A. HLA配型行异基因骨髓移植
 B. 多个周期的大剂量巩固化疗
 C. 一个周期大剂量化疗后行自体骨髓移植

D. 一个周期大剂量化疗后行非血缘性移植
E. 观察

215. 女性，56 岁，因发热伴盗汗而就诊，查：颈部淋巴结肿大，脾大，肝内有占位性病变，骨髓检查阴性，经淋巴结活检，被确诊为弥漫大 B 细胞型淋巴瘤 IVB，应用 4 个周期的 CHOP 方案治疗达完全缓解，选择哪种治疗方案最好
    A. HLA 配型相合的异基因骨髓移植
    B. 自体骨髓移植
    C. 继续 CHOP 方案治疗
    D. 改变化疗方案
    E. 观察

216. 男性，65 岁，发现全血细胞减少 2 年，检查：脾肿大，WBC 1.7×10^9/L，Hb 92g/L，PLT 94×10^9/L，骨髓活检示：15% 的淋巴细胞伴有纤毛状胞浆突起物，表达 $CD5^-$，$CD25^+$，$CD11c^+$，$CD103^+$，细胞遗传学检查正常，根据上述发现，最可能的诊断为
    A. 骨髓增生异常综合征　　B. 再生障碍性贫血
    C. 低增生性 AML　　　　　D. 毛细胞白血病
    E. 脾功能亢进

217. 男性，45 岁，发热伴牙龈出血 1 周，查：WBC 20×10^9/L，Hb 120g/L，PLT 70×10^9/L，经骨髓检查，确诊为 AML-M5，应选择哪种化疗方案
    A. 单— HD Ara-C
    B. HD-Ara-C＋DNR 45mg/（$m^2 \cdot d1$）-3
    C. HDDNR90mg/（$m^2 \cdot d1$）-3＋Ara-C 100mg/（$m^2 \cdot d1$）-3
    D. Ara-C 100mg/（$m^2 \cdot d1$）-7＋DNR 45mg/（$m^2 \cdot d1$）-3
    E. VP16＋Ara-C 100mg/（$m^2 \cdot d1$）-7

218. 男性，57 岁，有 3 个月上腹部不适病史，经胃镜及病理检查，确诊为胃黏膜相关性淋巴瘤（MALT），HP＋，物理及常规实验室检查正常，腹部 CT 示：病变部位的消化道壁增厚，但没有肿块性病变，初治首选什么？

A. 抗 HP 治疗

B. 在 2 个月内复查胃镜,在疾病进展时治疗

C. 外科手术

D. 放射治疗

E. 口服化疗药物

219. 男性,25 岁,因间断发热伴牙龈出血 1 周就诊,查:贫血和血小板减少,骨髓检查证实为 FAB-M_3 白血病,但对 t(15;17) 特异性 FISH 检查阴性,该患者的诊断可能是下列哪种?

A. 普通型 APL B. CMML

C. 变异型 APL D. CML 急变期

E. 以上都不是

220. 男性,72 岁,患急性髓系白血病,采用 IDA 和 Ara-C 作为诱导方案,在骨髓抑制期,应用 GM-CSF 治疗,其作用是什么?

A. 增加复发率

B. 增加生存的机会

C. 减少诱导化疗后,由于细菌和真菌感染而死亡的危险

D. 增加住院总的费用

E. 使白细胞恢复提前 7~10 天

221. 男性,14 岁,经骨髓检查确诊为急性白血病,免疫分型提示:$CD34^-$,$HLA-DR^-$,$CD11^+$,$CD13^+$,$CD14^-$,$CD33^+$,$CD41/61^-$,glycophorin A^-,最可能的诊断是什么

A. AML-M_1/M_2 B. AML-M_3

C. AML-M_4/M_5 D. AML-M_6

E. AML-M_7

222. 女性,21 岁,因脾肿大就诊,查:WBC $38×10^9$/L,分类以成熟细胞为主,细胞遗传学提示 t(9;22),她被确诊为 CML 慢性期,采用哪种治疗最好?

A. 伊马替尼 B. 干扰素

C. HLA 相合异基因骨髓移植 D. 自体骨髓移植

E. 以上都不是

223. 慢性粒细胞白血病患者,WBC $75×10^9$/L,巨脾,突发左上

腹剧痛，首先考虑诊断
   A. 脾梗死   B. 心绞痛
   C. 胃穿孔   D. 胰腺炎
   E. 输尿管结石

224. 弥漫大B细胞淋巴瘤患者，化疗缓解后1年，又因高热1周来就诊，骨髓中出现淋巴幼稚细胞，目前分期为
   A. ⅠA期   B. ⅡB期
   C. ⅢB期   D. ⅣA期
   E. ⅣB期

225. 男性，40岁，2个月来左颈部淋巴结进行性肿大，无痛，周期性发热，消瘦，近1周上胸部水肿，颈粗，淋巴结活检有里-斯细胞，胸片示纵隔有肿块，选择哪种治疗显效最快
   A. MOPP   B 肾上腺皮质激素加长春新碱
   C. 放射治疗   D 苯丁酸氮芥
   E. 阿霉素

226. 男性，56岁，左颈淋巴结肿大，伴发热，检查示弥漫性混合性细胞淋巴瘤，左腹股沟淋巴结2cm×2cm大小，无压痛，脾肋下2cm，骨髓淋巴瘤细胞0.12，诊断属何期？
   A. ⅠB   B. ⅡA
   C. ⅢB   D. ⅣA
   E. ⅣB

227. 女性，35岁，2个月来发热，乏力伴消瘦，左颈、两侧腋窝和腹股沟部位可触及数个黄豆和蚕豆大小淋巴结，脾肋下3cm，血象正常，血沉80mm/h，胸部X线检查阴性，肝区B超正常，淋巴结活检为混合细胞型，淋巴瘤分期为
   A. Ⅱ期A   B. Ⅱ期B
   C. Ⅲ期A   D. Ⅲ期B
   E. Ⅳ期A

228. 女性，22岁，右颈部肿块1个月，无发热，病理检查为大细胞性淋巴瘤，骨髓活检未见淋巴瘤细胞，应选择哪种治疗方案？
   A. CHOP   B. 局部照射

C. 全淋巴结照射 D. 化疗＋局部放疗
E. 扩大照射

229. 男性，30岁，周期性发热3个月，伴盗汗，皮肤瘙痒，查体：颈部、腋下及腹股沟淋巴结肿大，肝肋下2cm，脾肋下3cm，血红蛋白120g/L，白细胞 9.0×10^9/L，血小板 100×10^9/L，如需明确诊断应做何检查？
   A. 胸部CT检查 B. 腹部超声波检查
   C. 免疫球蛋白测定 D. 淋巴结活检
   E. 骨髓象检查

230. 男性，50岁，腰痛2个月，近1周右下肢活动困难，外院诊断坐骨神经痛，椎间盘脱出。查：Hb 90g/L，ESR 90mm/h，尿蛋白＋＋。该患者诊断首先应考虑
   A. 类风湿性关节炎 B. 风湿性关节炎
   C. 肾肿瘤骨转移 D. 慢性肾炎
   E. 多发性骨髓瘤

231. 男性，4岁，血友病B伴腹痛1天，查腹部有压痛、反跳痛、肌紧张，疑有腹腔出血，需外科手术，APTT＞100秒，你推荐选择哪种治疗
   A. 高剂量Ⅸ因子输入 B. 高剂量Ⅷ因子输入
   C. 凝血酶原复合物输入 D. 血浆、CTX和泼尼松
   E. 血小板输入

232. 男性，10岁，摔伤后膝关节逐渐肿大，抽出血性液体，最重要的检查是
   A. 凝血时间测定
   B. 血小板计数
   C. 白陶土部分凝血活酶时间测定
   D. 凝血酶原时间测定
   E. 出血时间测定

233. 男性，15岁，自幼易皮肤黏膜出血，未见关节出血。实验室检查：血红蛋白11g/dL，血小板 12×10^9/L，出血时间3分钟，3P试验阳性，血小板黏附率减低，凝血活酶生成时间延长。最可能的诊断是

A. 血友病 B. 血小板功能障碍
C. 血管性假性血友病 D. 播散性血管内凝血
E. 遗传性出血性毛细血管扩张症

[A3 型题]

男性，56 岁。慢性胃炎 20 年。3 个月来活动后心悸，气短。加重 2 周。查体：面色苍白，心肺（-），肝脾不大。胃镜及病理示：胃体萎缩性胃炎。血红蛋白 60g/L，白细胞 3.5×10^9/L，血小板 45×10^9/L，骨髓增生活跃，红系增生明显。红细胞胞体大，胞浆较胞核成熟。

234. 最可能的诊断是
    A. 再生障碍性贫血 B. 恶性贫血
    C. 骨髓增生异常综合征 D. 急性红白血病
    E. 恶性肿瘤骨髓浸润

235. 应选择的治疗
    A. 雄激素 B. 化疗
    C. 补充维生素 B_{12} 及叶酸 D. 输血
    E. 维生素 B_6

236. 患者的预后
    A. 病程不超过 2 年
    B. 预后良好，但需终生用药
    C. 预后良好，血象恢复后不需继续治疗
    D. 预后不良，需终生输血
    E. 预后差，病程不超过半年

男性，21 岁，2 个月来厌食、恶心，全身皮肤黏膜发黄，无出血倾向，肝脾不大，血红蛋白 80g/L，红细胞脆性试验增高，有少许球形红细胞，尿胆红素阴性，尿胆原阳性，尿潜血检查（-），血清间接胆红素 76.5μmol/L（4.5mg/dl），直接胆红素 6.8μmol/L（0.4mg/dl），肝功能正常，血浆游离血红蛋白 0.025g/L（2.5mg/dl），为明确诊断

237. 宜选作下列哪项检查？
    A. 抗人球蛋白试验 B. 酸化血清溶血试验

C. HBsAg　　　　　　　　D. 血红蛋白电泳

　　　E. 高铁血红蛋白还原试验

238. 此患者最主要的治疗是

　　　A. 除去病因　　　　　　　B. 糖皮质激素

　　　C. 脾切除　　　　　　　　D. 输血

　　　E. 免疫抑制剂

　　女性，26岁。3年来月经过多，近2周来发现皮肤紫癜，牙龈出血，体检：面色轻度苍白，脾未及，血红蛋白80g/L，白细胞$4.5×10^9$/L，血小板$45×10^9$/L，骨髓增生活跃，巨核细胞137个，其中颗粒巨87%，产板巨3%，幼稚巨核5%，裸核占5%。

239. 此例诊断为

　　　A. 急性白血病　　　　　　B. 缺铁性贫血

　　　C. 特发性血小板减少性紫癜　D. 过敏性紫癜

　　　E. 营养性巨幼贫

240. 此患者首选的治疗为

　　　A. 止血敏及安络血　　　　B. 维生素C

　　　C. 脾切除　　　　　　　　D. 糖皮质激素

　　　E. 免疫抑制剂

241. 若应用泼尼松治疗半年无效，下一步应采取的治疗方法是

　　　A. 免疫抑制剂　　　　　　B. 脾切除

　　　C. 加大泼尼松用量　　　　D. 输血小板

　　　E. 应用免疫球蛋白

　　一产妇患胎盘早剥，阴道出血不止，2天内共输血2000ml，止血效果不佳，皮肤黏膜有广泛出血点，柏油便，尿检查：可见少量红细胞。

242. 其出血不止的主要原因可能是

　　　A. 急性ITP　　　　　　　B. 肝功能受损致凝血功能障碍

　　　C. 并发急性再生障碍性贫血　D. 并发DIC

　　　E. 输血过多致稀释性血小板减少

243. 如考虑以上诊断，首要治疗措施为

　　　A. 给予泼尼松　　　　　　B. 给予保肝药物

　　　C. 输新鲜全血　　　　　　D. 尽快娩出胎盘

E. 输浓缩血小板

男性，3岁，活动后右膝关节肿痛1天，查：右膝关节肿大，压痛明显，肝脾未触及，化验血小板 $100 \times 10^9/L$，BT30秒，CT18分钟。

244. 确诊应做的检查
    A. 血浆凝血酶原试验
    B. 类风湿因子
    C. 骨髓穿刺
    D. 激活的部分凝血活酶时间及纠正试验
    E. 血清凝血酶原时间

245. 其可能的诊断为
    A. 急性ITP   B. XIII因子缺乏
    C. 血友病   D. Von Willebrand病
    E. DIC

246. 正确的处理是
    A. 肌注抗生素加输血   B. 肌注止血药
    C. 静脉滴注纤维蛋白原 D. 关节穿刺、冲洗
    E. 立即局部压迫，输新鲜血浆

男，65岁，腰骶部疼痛半年，双下肢活动障碍1天。查体：贫血貌，胸部可见肋骨串珠样改变。

247. 其可能性最大的诊断是
    A. MDS   B. 多发性骨髓瘤
    C. 骨髓转移癌   D. 急性粒细胞白血病
    E. 脑血管意外

248. 上例治疗采用
    A. 马法兰   B. 脾切除
    C. 脾照射   D. 放射性核素
    E. 放血疗法

[A4型题]

男性，35岁，高热，皮肤瘙痒半个月，右颈及锁骨上淋巴结肿大，无压痛，互相粘连，血红蛋白 90g/L，白细胞 $10 \times 10^9/L$，

中性66%，淋巴24%，骨髓涂片找到里-斯细胞

249. 最大可能诊断
 A. 结核性淋巴结炎 B. 慢性淋巴细胞白血病
 C. 癌转移 D. 淋巴瘤
 E. 风湿性疾病

250. 如需明确诊断首先应作的检查是
 A. 肝脾B超 B. 腹部或全身CT
 C. 淋巴结活检 D. MRI
 E. 中性粒细胞碱性磷酸酶测定

251. 首选的治疗方案是
 A. 干扰素 B. 手术治疗
 C. 放射治疗 D. 肿瘤坏死因子
 E. 放疗＋化疗

252. 常用的化疗方案是
 A. MOPP B. VDP
 C. 羟基脲 D. 瘤可宁
 E. HA/DA

男，56岁。20年前曾患骨结核。近来高热1周，诊为播散性结核。查体：双肺可闻湿啰音，肝脾不大。血象：WBC $100×10^9$/L，血涂片可见幼稚细胞，Hb 100g/L，PLT $125×10^9$/L，为鉴别诊

253. 不需要做以下哪项检查？
 A. 骨髓穿刺
 B. 中性粒细胞碱性磷酸酶积分
 C. 染色体
 D. 凝血象
 E. 动态观察病情变化

254. 最可能的诊断是
 A. 急性白细胞 B. 慢性髓性白血病
 C. 类白血病反应 D. 中性粒细胞增多症
 E. 骨髓纤维化

255. 治疗应选

A. 联合化疗　　　　　　B. 口服羟基脲
　　　C. 抗结核治疗　　　　　D. 骨髓移植
　　　E. 放疗
256. 最可能的预后为
　　　A. 大多数病人预后差　　B. 抗结核治疗有效后可治愈
　　　C. 可侵犯中枢神经系统　D. 常合并严重出血

[B1 型题]

首选治疗手段
　　　A. 输血　　　　　　　　B. 泼尼松
　　　C. 睾酮　　　　　　　　D. 免疫抑制剂
　　　E. 切脾
257. 再生障碍性贫血
258. 自身免疫性溶血性贫血
259. 遗传性球型红细胞增多症

选择应有症状
　　　A. 贫血重而出血轻　　　B. 贫血与出血相一致
　　　C. 有贫血而无出血　　　D. 无贫血而有皮下出血
　　　E. 以上都不是
260. 原发性血小板减少性紫癜
261. 溶血性贫血
262. 再生障碍性贫血
263. 过敏性紫癜

溶血性贫血确定病因
　　　A. 酸溶血试验阳性　　　B. 抗人球蛋白试验阳性
　　　C. 红细胞渗透脆性试验增高　D. 血红蛋白电泳异常
　　　E. 高铁血红蛋白还原试验异常
264. 自身免疫性溶血性贫血
265. 地中海贫血
266. 葡萄糖-6磷酸脱氢酶缺乏症

111

267. 阵发性睡眠性血红蛋白尿

  A. 输血   B. 泼尼松
  C. 睾酮   D. 免疫抑制剂
  E. 切脾

268. 再生障碍性贫血
269. 自身免疫性溶血性贫血
270. 遗传性球型红细胞增多症

  A. 慢性感染性贫血
  B. 巨幼红细胞性贫血
  C. 葡萄糖-6磷酸脱氢酶缺乏
  D. 再生障碍性贫血
  E. 慢性失血性贫血

271. 血清铁降低，总铁结合力增高
272. 小细胞低色素性贫血

再生障碍性贫血治疗
  A. 雄性激素   B. 糖皮质激素
  C. 莨菪碱   D. 维生素 B_1

273. 能改善骨髓微循环
274. 作用于干细胞

  A. 正常红细胞型   B. 大红细胞型
  C. 大细胞正色素型   D. 小细胞低色素型
  E. 以上都不是

275. 慢性感染性贫血的细胞形态为
276. 再生障碍性贫血的细胞形态为
277. 缺铁性贫血的细胞形态为

  A. 血红蛋白测定   B. 周围血涂片检查
  C. 网织细胞计数   D. 骨髓形态学检查

E. 血清铁测定

278. 判断骨髓幼红细胞增生情况最简便方法是
279. 判断低色素性贫血最简便方法是

　　A. DNA合成障碍　　　　B. 珠蛋白合成障碍
　　C. 多能干细胞受损　　　D. 定向干细胞受损
　　E. 铁利用障碍

280. 再生障碍性贫血
281. 铁粒幼红细胞性贫血

　　A. 白蛋白　　　　　　　B. β_1球蛋白
　　C. 珠蛋白　　　　　　　D. 运钴铵蛋白Ⅱ
　　E. 去铁铁蛋白

282. 与血清铁结合成运铁蛋白复合物
283. 与高铁离子结合成铁蛋白

主要临床表现
　　A. 发热、贫血、出血
　　B. 出血
　　C. 贫血
　　D. 发热、贫血、出血、肝脾肿大
　　E. 明显的脾肿大

284. 急性白血病
285. 血小板减少性紫癜
286. 缺铁性贫血
287. 再生障碍性贫血

　　A. 血清铁降低，总铁结合力增高，运铁蛋白饱和度增高
　　B. 血清铁增高，总铁结合力降低，运铁蛋白饱和度降低
　　C. 血清铁降低，总铁结合力增高，运铁蛋白饱和度降低
　　D. 血清铁增高，总铁结合力不低，运铁蛋白饱和度增高
　　E. 血清铁降低，总铁结合力降低，运铁蛋白饱和度降低

288. 缺铁性贫血
289. 慢性病性贫血
290. 铁粒幼细胞贫血

对下列各种情况，各选出一种最适宜的输血反应
  A. 对输血的过敏反应 B. 迟发性溶血性输血反应
  C. 发热性输血反应 D. 荨麻疹样输血反应
  E. 输血后紫癜

291. 由次要血型抗原不相容引起
292. 常因对供者白细胞的敏感性引起
293. 有这类反应的病人只能用洗涤红细胞
294. 这是一种可于首次输血患者发生的少见的输血反应

有关先天性凝血异常
  A. 因子 XIII 缺乏 B. 先天性纤维蛋白原生成障碍
  C. 先天性纤维蛋白原缺乏 D. 因子 XII 缺乏
  E. 因子 IX 缺乏 F. 因子 VII 缺乏

295. 需反复大剂量补充凝血因子
296. 伤口愈合缓慢是常见表现
297. 有该病的病人通常无症状
298. 性连锁遗传病
299. 伴血小板功能异常

  A. 用于血友病分型
  B. 纤维蛋白原减少或肝素样物质增多
  C. 纤维蛋白溶酶活性亢进
  D. 纤维蛋白降解产物增多
  E. 以上都不是

300. 血浆鱼精蛋白副凝试验强阳性表示
301. 凝血活酶生成试验表示
302. 白陶土部分凝血活酶生成时间延长表示

　　　　A. 血小板生成减少　　　　B. 血小板在脾内滞留
　　　　C. 血小板破坏增多　　　　D. 血小板稀释
　　　　E. 以上都不是
303. 系统性红斑狼疮
304. 大量输库存血

出血时间，血小板计数，血块退缩，凝血时间，凝血酶原时间
　　　　A. 正常，正常，正常，延长，正常
　　　　B. 正常，正常，正常，正常，延长
　　　　C. 延长，正常，不良，正常，正常
　　　　D. 延长，减少，不良，延长，延长
　　　　E. 延长，减少，不良，正常，正常
305. 因子 VII 缺乏
306. 血友病
307. 血小板功能不良
308. 血小板减少性紫癜
309. 肝硬化晚期

首选治疗
　　　　A. 肾上腺皮质激素　　　　B. 切除脾脏
　　　　C. 输注凝血因子　　　　　D. 治疗原发病
　　　　E. 免疫抑制剂治疗
310. DIC
311. ITP
312. 血友病
313. 脾功能亢进

选择合适的输血方式
　　　　A. 稀释式自体输血　　　　B. 保存式自体输血
　　　　C. 成分输血　　　　　　　D. 异体全血
　　　　E. 供者淋巴细胞输注
314. 择期手术患者

315. Rh（-）患者
316. 白血病患者
317. 造血干细胞移植后预防复发

白血病药物治疗
  A. 环磷酰胺   B. 长春新碱
  C. 甲氨蝶呤   D. 阿霉素
  E. L-门冬酰酶胺酶
318. 能导致口腔溃疡
319. 能引起心脏损害
320. 能引起周围神经炎
321. 能引起血尿

白血病常见的染色体异常和相应的受累基因
  A. t（15；17）（q22；q21）
  B. t（11；17）（q23；q21）
  C. t（8；21）（q22；q22）
  D. t（9；22）（q34；q11）
  E. inv（16）（p13；q22）
322. AML1-ETO
323. PML-RARα
324. PLZF-RARα
325. CBFβ-MYH11
326. BCR-ABL

染色体易位检查有助于 NHL 的分型诊断
  A. t（14；18）   B. t（8；14）
  C. t（11；14）   D. t（2；5）
  E. 3q27 异常
327. 弥漫性大细胞淋巴瘤
328. 套细胞淋巴瘤
329. Burkitt 淋巴瘤

330. Ki-1+间变性大细胞淋巴瘤
331. 滤泡细胞淋巴瘤

骨髓形态学表现相关疾病
  A. 骨髓增生极度低下 B. 大量原始细胞
  C. 一系以上病态造血 D. 骨髓纤维化
  E. R-S细胞
332. 急性白血病
333. 再生障碍性贫血
334. 霍奇金淋巴瘤
335. 骨髓增生异常综合征

疾病的药物治疗
  A. 干扰素-γ B. 左旋门冬酰胺酶
  C. 抗胸腺球蛋白 D. 甲基苄肼
  E. 伊马替尼
336. 慢性粒细胞白血病
337. 急性淋巴细胞白血病
338. 再生障碍性贫血
339. 霍奇金淋巴瘤
340. 骨髓增生异常综合征

药物与副作用
  A. 高热、骨痛、浆膜腔积液、头痛、白细胞增高
  B. 出血性膀胱炎
  C. 牙龈增生
  D. 全消化道黏膜炎
  E. 过敏、血糖升高、纤维蛋白原降低、白蛋白降低
341. 左旋门冬酰胺酶
342. 甲氨蝶呤
343. 环磷酰胺
344. 环孢素A
345. 全反式维A酸

答案

A 型题

1. C	2. A	3. B	4. B	5. A	6. D
7. B	8. D	9. A	10. C	11. C	12. A
13. C	14. D	15. D	16. E	17. D	18. A
19. D	20. C	21. C	22. E	23. E	24. B
25. E	26. B	27. B	28. E	29. E	30. D
31. D	32. C	33. D	34. E	35. E	36. C
37. B	38. B	39. E	40. D	41. D	42. E
43. B	44. C	45. D	46. C	47. E	48. B
49. D	50. D	51. C	52. B	53. C	54. C
55. E	56. E	57. A	58. E	59. A	60. D
61. A	62. A	63. B	64. B	65. D	66. A
67. E	68. C	69. C	70. C	71. E	72. D
73. C	74. C	75. C	76. D	77. E	78. E
79. E	80. D	81. D	82. C	83. C	84. D
85. E	86. D	87. A	88. B	89. D	90. A
91. D	92. E	93. E	94. A	95. B	96. A
97. C	98. D	99. D	100. B	101. C	102. D
103. D	104. C	105. B	106. B	107. B	108. D
109. E	110. D	111. E	112. E	113. B	114. A
115. C	116. B	117. E	118. B	119. E	120. E
121. A	122. C	123. A	124. E	125. A	126. C
127. A	128. A	129. C	130. A	131. C	132. D
133. B	134. A	135. C	136. C	137. B	138. E
139. C	140. C	141. A	142. D	143. E	144. B
145. E	146. A	147. A	148. C	149. A	150. E
151. D	152. A	153. B	154. D	155. C	156. B
157. B	158. D	159. D	160. E	161. E	162. E
163. D	164. A	165. D	166. A	167. B	168. E

169. D	170. D	171. E	172. B	173. E	174. D
175. E	176. A	177. B	178. B	179. D	180. B
181. B	182. B	183. B	184. D	185. D	186. B
187. D	188. D	189. E	190. E	191. C	192. B
193. E	194. C	195. B	196. A	197. B	198. B
199. D	200. D	201. C	202. C	203. B	204. E
205. B	206. E	207. E	208. E	209. E	210. C
211. A	212. D	213. B	214. B	215. B	216. D
217. D	218. A	219. C	220. C	221. B	222. A
223. A	224. E	225. A	226. E	227. D	228. D
229. D	230. E	231. C	232. C	233. D	234. B
235. C	236. B	237. A	238. B	239. C	240. D
241. B	242. D	243. D	244. D	245. C	246. E
247. B	248. A	249. D	250. C	251. E	252. A
253. D	254. C	255. C	256. B		

B 型题

257. C	258. B	259. E	260. B	261. C	262. A
263. D	264. B	265. D	266. E	267. A	268. C
269. B	270. E	271. E	272. E	273. C	274. A
275. D	276. A	277. D	278. C	279. B	280. C
281. E	282. B	283. E	284. D	285. B	286. C
287. A	288. C	289. E	290. D	291. B	292. C
293. B	294. D	295. E	296. A	297. D	298. E
299. B	300. D	301. A	302. E	303. C	304. D
305. B	306. A	307. C	308. E	309. D	310. D
311. A	312. C	313. B	314. A	315. B	316. C
317. E	318. C	319. D	320. B	321. A	322. C
323. A	324. B	325. E	326. D	327. E	328. C
329. B	330. D	331. A	332. B	333. A	334. E
335. C	336. E	337. B	338. C	339. D	340. A
341. E	342. D	343. B	344. C	345. A	

第三部分

血液疾病诊疗常规

附录一 急性髓性白血病 NCCN 2006 诊疗指南

一、诊断步骤

病史和查体
全血计数,血小板,分类
生化检查
PT,APTT,纤维蛋白原
骨髓细胞遗传学(必需项目)
免疫分型或细胞化学
HLA 配型(在可能要进行 HSCT 的患者)
如果有心脏病史或有蒽环类药物使用史,或有任何心功能异常临床表现者做心脏扫描
选择性中心静脉置管
如果有临床指征:如果患者是继发性 AML、之前有血液病病史,或有已知的预后不良的细胞遗传学改变,同时没有同胞供者,开始寻找其他供者
如果有症状做腰穿

二、诊断标准

1. 急性髓性白血病(AML)
免疫分型 2 个髓系标志(+)和特征性淋系标志表达<2 个
或 髓过氧化物酶(+)
或 非特异性脂酶(+)
或 丁酸盐(+)
2. 急性淋巴细胞白血病
髓过氧化物酶(-),非特异性脂酶(-),TdT(+)
或 免疫分型 2 个淋系标志(+)和特征性髓系标志表达<2 个,TdT(+)
3. APL 的诊断
M_3 形态学和 t(15;17)细胞遗传学

分子检测单独阳性应考虑到 M_3 变异型的可能

备注：

1. 新的 WHO 分类将急性白血病定义为骨髓或外周血中幼稚细胞为 20%。

2. 对于在诊断时有神经系统体征或症状的患者，必须进行适当的图像检查来发现脑膜疾病、绿色瘤或 CNS 出血。即使没有发现肿块或损伤的图像，也必须做腰穿。如果在腰穿前患者有血小板减少，可输血小板。对于 M_5 或 M_4 患者或诊断时 WBC$>10\times10^9$/L 的患者，必须在第一次缓解时进行腰穿。

三、AML 的治疗

（一）诱导治疗

1. AML 的诱导治疗（诱导时细胞遗传学未知）

（1）年龄＜60，无既往血液病病史：

大剂量阿糖胞苷（HDAC）加蒽环类（去甲氧柔红霉素或柔红霉素）或米托蒽醌

或 标准剂量阿糖胞苷（100 mg/m² 持续输注（CI）×7 天）加蒽环类（去甲氧柔红霉素或柔红霉素）或米托蒽醌（7+3）。

（2）年龄≥60，KPS 评分好：

临床试验（首选）

或 标准剂量阿糖胞苷（100 mg/m² CI×7 天）加蒽环类或米托蒽醌（7+3）。

（3）年龄＜60，既往有血液病病史或治疗相关的继发性 AML：

临床试验（化疗或低剂量治疗联合）

或 异基因 HSCT。

（4）任何年龄，有明显的导致非白血病相关的器官功能衰竭的并发症

低剂量临床试验

或 最好的支持治疗。

2. 诱导时细胞遗传学已知

（1）有已知的预后不良细胞遗传学异常的患者，可以按有既往血液病病史的方案治疗。

(2) 较好的核型 [inv 16, t (8; 21), t (16; 16)], 可以进行标准剂量诱导。

(3) t (15; 17), 进行 APL 治疗。

3. 诱导治疗的早期评估

在化疗结束后 7~10 天明确的增生低下时期进行骨髓穿刺或活检来评估诱导治疗的疗效。

(1) 残留明显的幼稚细胞:

标准剂量阿糖胞苷（100 mg/m² CI×7 天）加蒽环类（去甲氧柔红霉素或柔红霉素）或米托蒽醌

或 大剂量阿糖胞苷

或 诱导失败的治疗（见后文）。

(2) 非增生低下的幼稚细胞明显减少:

标准剂量阿糖胞苷加蒽环类（去甲氧柔红霉素或柔红霉素）或米托蒽醌。

(3) 增生低下: 等待恢复。

4. 诱导治疗结束后的评估

(1) 完全缓解:

①年龄＜60: 见缓解后治疗。

②年龄≥60: 临床试验。

或 标准剂量阿糖胞苷（100 mg/m² CI×5~7 天×1~2 疗程）±加蒽环类（去甲氧柔红霉素或柔红霉素）

或 对一般状况良好，肾脏功能正常、正常或良好核型的患者，考虑阿糖胞苷 1~1.5 g/m²/day×4~6 次剂量×1~2 疗程。

(2) 诱导失败:

临床试验

或 配型相合的同胞 HSCT 或其他供者 HSCT，包括减低剂量的非清髓 HSCT

或 如果在等待供者进行高分辨时不适宜进行临床试验，可用大剂量阿糖胞苷±蒽环类

或 最好的支持治疗

备注: 年轻成人患者可加入用更高剂量诱导方案和移植选择的儿科试验。

增生低下定义为细胞容量<10%～20%和残留的幼稚细胞<5%～10%。

诊断时 WBC>100×10⁹/L 或有单个核细胞组织浸润者，在缓解期可以用腰穿筛查。

幼稚细胞计数>50×10⁹/L 的患者有肿瘤溶解和继发于白血病细胞增多的器官功能衰竭的风险。快速减少白细胞计数的措施包括白细胞分离或羟基脲，将白细胞计数降至<50×10⁹/L。

高危的 MDS 患者和从 MDS 发展的幼稚细胞比例低的 AML 患者，在 HSCT 前进行诱导化疗与立即进行 HSCT 的优劣尚不清楚。如果有合适的供者，可直接进行 HSCT。

有髓外浸润表现的少数患者必须用全身化疗。局部治疗（手术或放疗）可以用于残留病变的治疗。

（二）缓解后治疗

1. 年龄<60

（1）细胞遗传学低危险的，[in 16, t (8；21), t (16；16)]

大剂量阿糖胞苷 3 g/m² 超过 3h q12 h 在第 1、3、5 天，4 疗程（分类 1）：

或 1 个疗程的大剂量阿糖胞苷为基础的巩固，接着进行自体 HSCT（分类 2B）

或 临床试验

（2）细胞遗传学中等危险的 [正常，+8，t (9；11)，或没有以上或以下列出的异常核型：

临床试验

或 配型相合的同胞或自体 HSCT

或 大剂量阿糖胞苷，3 g/m² 超过 3h q12 h 在第 1、3、5 天，4 疗程

（3）有血液病病史，治疗相关疾病或高危细胞遗传学 [复杂（3 个异常），−7，−5，7q−，5q−，11q23 的异常，不包括 t (9；11)，t (9；22)，inv 3，t (3；3)，t (6；9)]：

临床试验

或 配型相合的同胞 HSCT

或 其他供者 HSCT

备注：多次强化巩固疗程。

1 疗程强化巩固治疗后进行自体 HSCT，这两个选择都可以提高细胞遗传学低危患者的生存，而毒性方面有明显差异。

在选择巩固治疗时，应考虑患者的年龄、并发症和诸如生育和挽救机会等问题。

治疗有预后不良特征（如高 WBC，$CD56^+$，FLT3 突变或需 2 疗程诱导才缓解）的患者时，强烈推荐临床试验。

（三）AML 复发后治疗

1. 年龄＜60

①早期（＜6 个月）：

临床试验

或 配型相合的同胞 HSCT

或 其他供者 HSCT 如果事先找到供者

②晚期（＞6 个月）：

临床试验

或 配型相合的同胞 HSCT

或 其他供者 HSCT 如果事先找到供者

或 重复有效的初始诱导方案

2. 年龄≥60

①早期（＜6 个月）：

临床试验（强烈推荐）

或 最好的支持治疗

或 Gemtuzumab ozogamicin

②晚期（＞6 个月）：

临床试验

或 重复有效的初始诱导方案

或 Gemtuzumab ozogamicin

或 最好的支持治疗

备注：再诱导治疗也许在某些情况下是适宜的，如患者第一次缓解期很长。如果获得第二次缓解，必须考虑在巩固之后进行自体或异基因 HSCT。

（四）APL 的治疗

1. APL 的诱导治疗

（1）全反式维 A 酸（ATRA）和以蒽环类药物（去甲氧柔红霉素或柔红霉素）为基础的化疗。

（2）如果 t（15；17）不确定，终止 ATRA 治疗，并作为其他类型 AML 来治疗。

（3）诱导治疗开始后 5~6 周评估骨髓形态学。过早评估可能容易误导，患者在诱导结束时常常还是分子学阳性。

2. 缓解后治疗

（1）完全缓解：

①至少巩固 2 疗程的以蒽环类药物为基础的化疗。

②巩固治疗后，如果确定分子学缓解，用 6-巯基嘌呤＋甲氨蝶呤维持治疗 1~2 年。

或 临床试验

（2）诱导失败：

临床试验

或 三氧化二砷

或 配型相合的同胞 HSCT

或 其他供者的 HSCT

3. 复发后治疗

（1）第一次复发：三氧化二砷。

（2）第二次缓解（形态学）：

自体 HSCT（如果 PCR 阴性）

或 异基因 HSCT

或 临床试验

（3）未缓解：

临床试验

或 异基因 HSCT

或 Gemtuzumab ozogamicin

备注：在第二疗程末，如果患者仍没有达到分子学缓解，考虑异基因 HSCT 或临床试验。

不能进行 HSCT 的患者，维持砷剂治疗 4 疗程也是一种选择。

聚合酶链反应（PCR）应常规用于监测微小残留病变。在目前的治疗水平上，PCR由阴转阳必须由可信赖的试验室在4周后再确定，如果被第二次检测证实分子学复发，必须要考虑其他干预（如三氧化二砷）。如果第二次检测阴性，强烈建议增加监测频率（在1~2年内每3个月1次）来确定患者是否持续阴性。

如果患者分子学阳性，按复发治疗。

资料建议诊断时 WBC$>10\times10^9$/L 或血小板$<40\times10^9$/L 的患者复发风险更高。

(五) CNS白血病的评估和治疗

1. 诊断时腰穿阳性并有症状

(1) 无局灶性神经系统损害：

鞘膜内注射化疗每周2次直到清除，然后每4~6周1次。

(2) 局灶性神经系统损害和（或）绿色瘤导致的神经系统疾病的放射表现：

强烈考虑放疗，鞘膜内注射化疗每周2次直到清除，然后每4~6周1次。

2. 第一次缓解期筛查，腰穿阳性但无症状

鞘膜内注射化疗每周2次直到清除。

或 如果患者接受大剂量阿糖胞苷，化疗完成后随访腰穿，直到确定已清除。

备注：必须同时开始诱导化疗。

CNS放疗和大剂量阿糖胞苷化疗或鞘膜内注射甲氨蝶呤同时进行，有增加神经毒性的危险。

(六) 支持治疗

1. 抗生素预防：包括抗真菌，取决于各个单位的判断。

2. G-CSF：老年患者化疗后应用生长因子完全要根据特定的情况。要强调的是，这种用法可以造成骨髓评估的混淆。患者在停用G-CSF至少7天后骨穿才可确定是否缓解。

3. 血液制品：

(1) 去除白细胞的血液制品方可用于输注。

(2) 接受免疫抑制治疗（氟达拉宾，HSCT）的患者要输经照射的血液制品。

(3) 输注阈值：RBCs需Hgb<8 g/dL或有贫血症状；血小

板<10 000/mcL 或有出血体征。

4. 对 HSCT 的候选者考虑进行 CMV 筛查。

5. 肿瘤溶解的预防：水化并利尿，碱化尿液和别嘌呤醇。有肿瘤溶解综合征的临床证据，有症状的高尿酸血症或不能耐受口服药物：考虑 rasburicase。

6. 所有用大剂量阿糖胞苷的患者都要用含盐或皮质激素的眼药水滴眼，直到治疗结束后 24 小时。

7. 缓解期患者如果发病时 WBC>100 000/mcL 或有组织浸润，应常规腰穿筛查。

8. 接受大剂量阿糖胞苷治疗的患者（特别是那些肾脏功能受损的患者或大于 60 岁的患者）小脑毒性的风险增加。在每次用阿糖胞苷之前要进行神经系统评估包括眼球震颤、污言秽语、辨距不良等的检查。

9. 在由于肿瘤溶解导致肌酐快速升高的患者或出现小脑毒性的患者，应终止大剂量阿糖胞苷的治疗。

10. 有异常表现的患者，必须减少阿糖胞苷的剂量，而且不能将大剂量阿糖胞苷作为后续治疗。

11. APL 的支持治疗

（1）APL 分化综合征：发热，WBC 升高>10 000/mcL，呼吸急促、缺氧、胸腔或心包积液。

（2）如果高度怀疑 APL 分化综合征，要严密监测肺功能，同时监测有无液体过量。如果患者出现肺浸润或缺氧，开始用地塞米松约 15 天（10 mg BID，3～5 日后减量）并考虑暂停 ATRA 治疗直到缺氧缓解。

（3）APL 复发的患者或 ATRA 后高白细胞的患者出现 CNS 白血病的风险增加。

（4）有临床表现的凝血病和明显出血的处理：积极的血小板输注以维持血小板在 50 000/mcL 以上，新鲜冰冻血浆以补充凝血因子。

（5）在有高 WBC 的 APL 患者中不建议进行常规的白细胞分离，但在非其他原因造成白细胞淤滞而有生命危险的病例中，可谨慎应用。

（七）治疗期间的监测

1. 诱导治疗期间

（1）每天进行 CBC 和血小板计数（化疗期间每天进行血分类，化疗恢复期 WBC$>0.5\times10^9$/L 后每 2 天进行一次，直到恢复正常或白血病不缓解），住院期间每天查血小板直到脱离血小板输注。

（2）生化检查包括电解质、BUN、肌酐、尿酸和 PO_4，在积极治疗期间每天查，直到肿瘤溶解的危险过去。如果患者接受有肾脏毒性的药物，在住院期间都需要密切监测。

（3）在化疗结束后 7~10 天明确的增生低下时期进行骨髓穿刺或活检。如果增生低下不明显或不确定，在 7~14 天内重复活检，以明确有无白血病持续。如果是增生低下，在血液学恢复到明确的缓解期时重复活检。如果开始时细胞遗传学异常，细胞遗传学将作为缓解的指标之一。

2. 缓解后治疗期间

（1）化疗期间每日查血常规。

（2）化疗期间每日查生化、电解质。

（3）化疗后门诊监测：血常规、分类和电解质，每周 2~3 次，直到恢复。

（4）只有当外周血计数不正常或不能在 5 周内恢复正常计数时进行骨髓检查。

（5）有高危特征的患者，包括细胞遗传学预后不良、治疗相关 AML、之前有 MDS 病史或需要 2 个或更多诱导治疗才获得完全缓解的患者，复发的风险增加，可考虑早期进行无关供者查询。

3. 巩固治疗完成后

（1）血常规每 3~6 个月，直到 5 年。

（2）骨髓穿刺，只有在外周血涂片异常或全血细胞减少时，每 1~3 个月 1 次，直到 2 年。

（3）在适合移植的患者中，在第一次复发时就应寻找配型相合的无关供者，同时进行其他治疗。

四、急性髓性白血病的缓解标准

（一）形态学的无白血病状态

骨髓穿刺幼稚细胞<5%。

无含 Auer 小体的幼稚细胞或髓外疾病的持续存在。

如果存在残留白血病的问题，骨髓穿刺/活检应在1周内重复。

如果穿刺获得的样本少，必须做骨髓活检。

（二）完全缓解（CR）

患者获得形态学上的无白血病状态。

血液学缓解：中性粒细胞绝对计数>1000/mcL，血小板100 000/mcL；没有髓外疾病残留的证据。

形态学 CR：患者脱离输血。

细胞遗传学 CR：细胞遗传学正常（在那些之前有细胞遗传学异常的患者）。

分子学 CR：分子检查阴性。

（三）部分缓解

幼稚细胞比例至少下降了50%，骨髓穿刺样本中在5%～25%。

（四）治疗失败

患者没有获得完全的缓解。

（五）完全缓解后复发

定义为白血病细胞在外周血液重现或在骨髓中超过5%，而与其他原因无关（如巩固化疗后骨髓再生）。

（石红霞 译）

附录二 慢性髓性白血病 NCCN 2006 诊疗指南

一、初始检查

成人CML慢性期 → 检查：
- 病史和体格检查
- 全血细胞计数，包括血小板计数
- 生化检查
- 骨髓穿刺和活检
  - 细胞形态学检查
    ☆ 原始细胞百分比
    ☆ 嗜碱细胞百分比
  - 细胞遗传学检查、FISH、PCR

→ Ph阴性并且BCR-ABL阴性 → 作为其他疾病评价（非CML）

→ Ph阳性或者BCR-ABL阳性 → 参见初始治疗（CML-2）

二、细胞遗传学和血液学疗效标准

（一）完全血液学缓解

1. 外周血细胞计数完全恢复正常，白细胞计数 $<10\times10^9/L$。
2. 血小板计数 $<450\times10^9/L$。
3. 外周血中无幼稚细胞如中幼粒细胞、早幼粒细胞和原始细胞。
4. 无疾病的症状和体征，可触及的脾肿大已消失。

（二）细胞遗传学缓解（至少20个中期分裂象）

1. 完全缓解：没有 Ph 阳性中期分裂象。
2. 部分缓解：1%～34% Ph 阳性中期分裂象。
3. 微小缓解：35%～90% Ph 阳性中期分裂象。

（三）部分血液学缓解

与完全血液学缓解相似，除了：

1. 存在幼稚细胞。
2. 血小板计数与治疗前相比下降 $>50\%$，但是仍然 $>450\times10^9/L$。
3. 持续脾脏肿大，但与治疗前程度相比 $<50\%$。

三、初始治疗（CML-2）

NCCN 指南讨论了 3 种可以作为 CML 初始治疗的疗法：异基因造血干细胞移植（HSCT）、甲磺酸伊马替尼及临床试验。

（一）甲磺酸伊马替尼

1. 剂量与疗效

甲磺酸伊马替尼是一种有效的、特异的 bcr-abl 酪氨酸激酶抑制剂。伊马替尼最初的试验仅限于干扰素治疗失败的 CML 慢性期患者或者晚期（即：加速期或急变期）患者。考虑到它在慢性期后期患者中的显著疗效，对新诊断的 CML 慢性期患者的随机试验显示，伊马替尼组的主要细胞遗传学缓解率为 87.1%，而 α-干扰素加阿糖胞苷组为 34.7%。预期的完全细胞遗传学缓解率在伊马替尼组为 76.2%，干扰素组为 14.5%（$P<0.001$）。预期无进展生存在伊马替尼组为 96.7%，干扰素组为 91.5%（$P<0.001$）。除显著的疗效以外，伊马替尼较干扰素联合阿糖胞苷更易耐受。因此，专家组决定：根据此次大样本随机试验的结果，以干扰素为基础的疗法不再是 CML 患者的首选治疗措施。少数不能耐受甲磺酸伊马替尼的患者可以考虑干扰素治疗。由于以伊马替尼作为首选治疗的患者 75% 在治疗 18 个月时无 Ph 阳性的证据，所以不能明确异基因造血干细胞移植是否仍应被作为一线治疗的选择。然而，因为已证实异基因移植有治愈的可能性，所以专家组仍然认为在某些患者（根据其治疗风险）可作为一线治疗选择。既往推荐伊马替尼的剂量在 CML 慢性期为每日 400 mg，CML 加速及急变期为 600mg/d。M. D Anderson 癌症中心在新诊断的 CML 患者中探索应用了较高剂量的甲磺酸伊马替尼（每日 800 mg），每日 800 mg 伊马替尼治疗的完全细胞遗传学缓解率在该研究中达到了 90%。大型的随机试验和单组试验明确显示，作为 CML 的初始治疗，甲磺酸伊马替尼与干扰素相比有显著优越的疗效。甲磺酸伊马替尼对 α-干扰素治疗无效或者不能耐受的患者也有疗效。唯一的缺陷是缺乏甲磺酸伊马替尼治疗的长期随访资料。应用甲磺酸伊马替尼的指征和参数将在目前进行的临床试验中确定，长期疗效也有待进一步明确。

CML-2

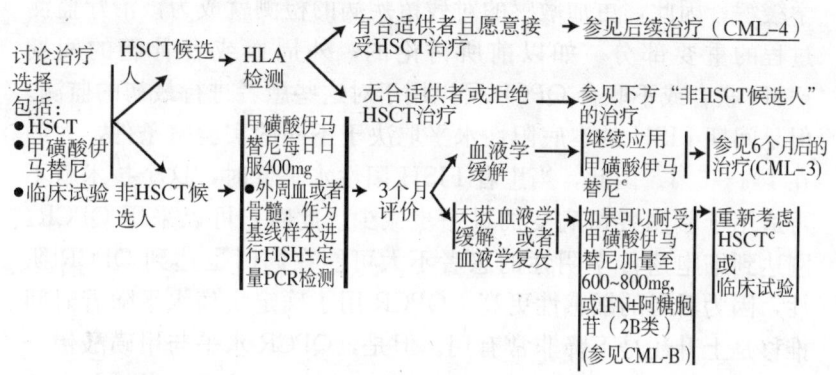

2. 治疗期间疾病的监测

监测治疗反应可以通过几种在通用性、速度、敏感性和特异性上有所不同的方法来实现。传统的中期分裂象细胞遗传学检测Ph的方法被广泛采用，相对快速、可靠；但是，如果只检查20个中期分裂象，敏感性大约在5%。应用bcr-abl特异性探针进行的间期或者间变期FISH可以分别使用外周血标本或者骨髓进行检测。间期FISH快速，但是本底水平>1%~5%（取决于检测应用的特殊探针）；间变期FISH更加敏感，可以一次性轻松分析大于500个分裂象。现有的最敏感的检测方法是用于检测bcr-abl融合基因mRNA的RT-PCR；该方法可以在≥100 000个正常细胞中检测出一个CML细胞。定量RT-PCR（QPCR）bcr-abl检测需要更加专业的实验室条件而未得到广泛应用。由于高度的敏感性，RT-PCR法一般不需要使用，除非患者细胞遗传学检查显示Ph阴性或者存在低水平的FISH阳性细胞。此外，传统的细胞遗传学检测出Ph染色体或者FISH检测出bcr-abl融合基因可以被定义为细胞遗传学复发，但定性RT-PCR（确定bcr-abl是否存在的方法）的结果相对更为复杂，因为RT-PCR bcr-abl阳性的患者中只有一部分最终会复发。这就更说明在细胞遗传学缓解的患者随访过程中进行定量RT-PCR（QPCR）检测的重要性。监测甲磺酸伊马替尼治疗反应的最佳方式尚未明确。由于该药疗效出现较早，第一次检测应该在3个月时开始（CML-2）。大部分以甲磺酸伊马替尼作为CML初始治疗的患者将获得完全细胞遗传学缓解；因此，更加敏感的对残留疾病的检测就成为该治疗监测过程的重要部分。如以前所讨论的，外周血或者骨髓的间期FISH联合或不联合QPCR可以用于对这些患者进行最初的监测。但是间期FISH的本底阳性水平取决于不同的实验室条件，大约在1%~5%。因此，当患者FISH阳性水平低时，这个技术就不再适用于监测残留病变的进一步减少。此时，可以采用QPCR。刚达到细胞遗传学阴性的患者不太可能在同时也达到QPCR阴性，因为后者的敏感性更高。QPCR用于确定疾病水平随着时间推移是上升还是下降非常有用。但是，QPCR水平与甲磺酸伊马替尼治疗的持续细胞遗传学缓解或者更高生存率的相关性目前还不明确。染色体分析仍应至少每年进行1次，用以评价克隆演变，这显然不能通过仅仅检测Ph阳性细胞的方法检测出。现在的监测指南提倡在获得完全细胞遗传学缓解的患者中定期取骨髓进行细胞遗传学检测。即使不具有任何基于FISH或者QPCR早期复发的证据，也如此推荐，因为一些伊马替尼治疗的患者（<10%）可以在Ph染色体阴性细胞中出现其他染色体异常。迄今报告的这些异常绝大多数出现在以往干扰素治疗失败的患者中，只有2例出现在以伊马替尼作为初始治疗的患者中。这些染色体异常的意义尚不清楚，但是令人担忧的是，最常见的异常为三体8，这是在骨髓增生异常综合征中常见的畸变。只有极少数CML患者发展为骨髓增生异常综合征的报道，并且都发生在既往接受干扰素和化疗的患者中。一些文献报道，这些异常只占中期分裂象的一小部分，并且在以后的检查中这些异常可以消失。因此，目前这些畸变的意义仍不明确，需要进一步的随访来确定。

3. 治疗疗效的评估

6个月和12个月的评价应该包括骨髓细胞遗传学检测明确Ph染色体是否存在。

（1）在6个月评价时获得任何细胞遗传学缓解的患者可以继续应用原剂量甲磺酸伊马替尼，或者在耐受的情况下予以加量（最大剂量 600~800 mg)。

(2) 那些没有获得细胞遗传学缓解或者细胞遗传学复发的患者应当增加甲磺酸伊马替尼的剂量。或者更换为干扰素联合或不联合阿糖胞苷治疗，或者考虑 HSCT 治疗。

(3) 如果在 6 个月或者 12 个月评价时发生了细胞遗传学复发或者患者没有获得细胞遗传学缓解，则优先考虑参与临床试验 (CML-3)。

(4) 在 12 个月评价时至少获得主要细胞遗传学缓解的患者可以继续服用甲磺酸伊马替尼。

(5) 12 个月评价时细胞遗传学复发或者获得微小或者未获得细胞遗传学缓解，并且不适合移植或者进入临床试验的患者可以以维持血液学缓解为目标继续甲磺酸伊马替尼治疗。

CML-3

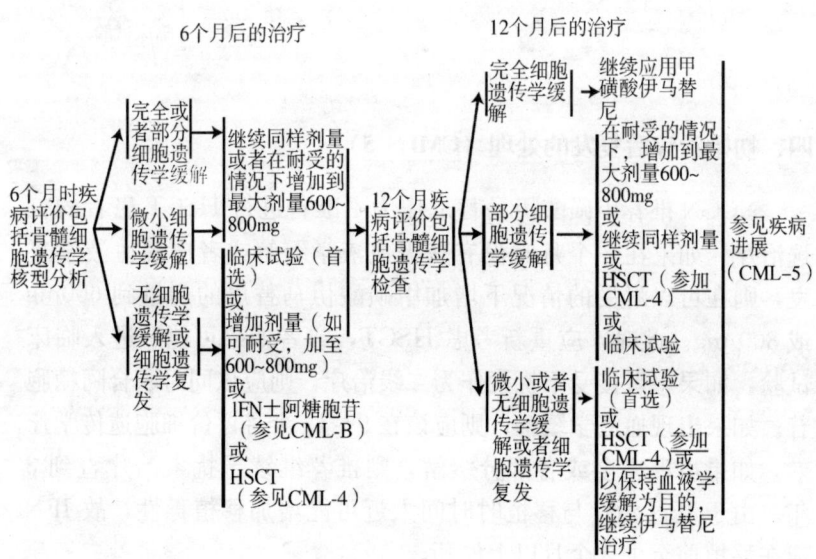

(二) 造血干细胞移植治疗的患者 (CML-4)

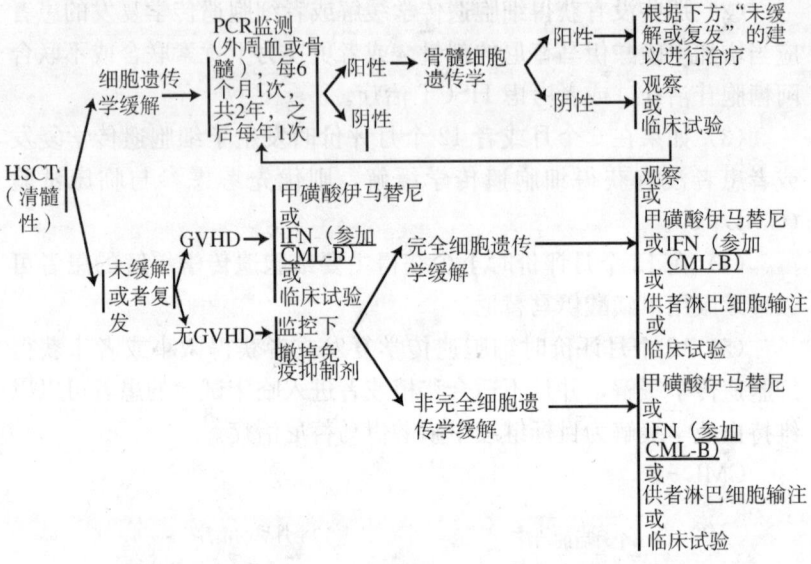

四、初始治疗后复发的处理（CML-5）

NCCN推荐甲磺酸伊马替尼作为不准备进行HSCT患者的首选治疗。如果在3个月时没有获得血液学缓解或者出现血液学复发，则在可以耐受的情况下增加甲磺酸伊马替尼的剂量到600mg或800 mg。此时，应重新考虑HSCT，或者如果可能，进入临床试验。如果患者接受干扰素作为二线治疗，则应该同时联合阿糖胞苷。如果出现血液学缓解，则应该在9～12个月评价细胞遗传学疗效，如果出现完全或者部分缓解，则推荐继续干扰素治疗直到3年。由于IFN治疗与移植时时间太近可能增加移植毒性，故IFN应在移植前至少3个月以上停药。

五、获得完全细胞遗传学缓解（CCyR）后药物治疗期间的监测

1. 外周血FISH或者定量PCR（QPCR）可以用于CCyR患者的疾病监测。

2. 每3～6个月监测FISH和（或）QPCR1次，如果QPCR

检测上升了1个对数级或 FISH 检测阳性，则取骨髓进行细胞遗传学检查。

3. 根据细胞遗传学复发情况进行额外的治疗。

4. 根据12个月时的疾病评价，可以考虑的治疗列于CML-3。

5. 如果 QPCR 没有增加，或 FISH 阴性，应至少每年取1次骨髓进行细胞遗传学检查，以明确 Ph^- 细胞是否存在克隆异常；如果出现克隆演变，则继续监测，考虑更加频繁地进行骨穿。

CML-5

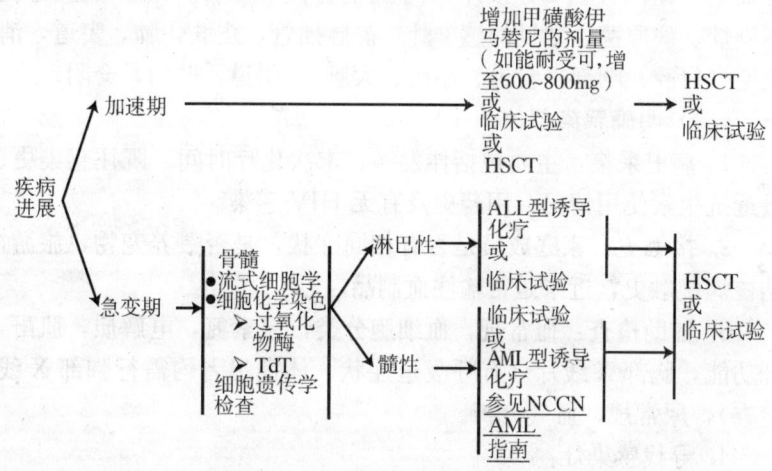

（江 浩 译）

附录三 支持治疗

一、NCCN2006 年发热治疗指南

（一）定义

1. 发热的定义：单次口腔体温≥38.3℃或≥38℃持续 1 小时

2. 中性粒细胞减少的定义：中性粒细胞<$0.5×10^9$/L；中性粒细胞<$1.0×10^9$/L，预计 48 小时后会低于 $0.5×10^9$/L 则应寻找感染灶、病原菌。常见的感染灶：静脉插管，皮肤，肺，窦道，消化道（口腔、咽部、食道、小肠、大肠），阴道，肛门，会阴。

（二）明确感染部位

1. 病史采集：主要包括伴发病、末次化疗时间、既往感染史、最近抗生素使用情况、用药史及有无 HIV 感染。

2. 接触史：家庭成员是否有相同症状，是否喂养宠物，旅游，结核病接触史，近来是否输注血制品。

3. 辅助检查：血常规，血细胞分类，尿素氮，电解质，肌酐，肝功能，胸部 X 线片（有呼吸道症状、体征患者均需行胸部 X 线检查），尿常规，血气分析。

4. 寻找感染灶：

（1）血培养 2 次包括：外周血培养＋插管抽血培养，两次外周血培养，两次插管抽血培养。

（2）尿培养（有泌尿系感染表现，留置尿管，尿常规异常）。

（3）腹泻（难辨梭状芽孢杆菌、肠道病原菌）。

（4）皮肤（皮肤损伤处针刺、活检）。

（5）血管插管处感染（常见感染、真菌、分枝杆菌）。

（6）病毒检测：皮肤/黏膜水疱、溃疡，鼻咽部感染。

（三）初始治疗的选择

1. 感染危险度评估：包括感染脏器，感染部位，药敏试验，脏器功能，药敏史，抗生素抗菌谱，既往抗生素用药史。

（1）高危：（存在下列一项）：高危患者需要住院静脉使用抗生素。

①住院过程中出现发热。
②严重伴发病/临床不稳定。
③发热前较长时间中性粒细胞减少：中性粒细胞$\leqslant 0.1\times 10^9$/L持续 7 天。
④血清肌酐＞2mg/dl，肝功能＞3 倍正常。
⑤癌症未控制/进展期。
⑥肺炎或其他复杂感染。
⑦MASCC 危险评分指数低于 21。

（2）低危：（无下述任一项）：低危患者治疗包括住院静脉抗生素、静脉及口服抗生素序贯治疗，口服抗生素门诊治疗。
①社区环境中发热。
②无急性伴发病。
③发热前出现短期严重粒细胞减少：中性粒细胞$\leqslant 0.1\times 10^9$/L不到 7 天。
④一般情况好（ECOG 评分 0-1）。
⑤血清肌酐$\leqslant$2mg/dl，肝功能$\leqslant$3 倍正常。
⑥MASCC 危险评分指数高于 21。

2. 治疗选择

（1）静脉抗生素（单药）：头孢吡肟、头孢他啶、亚胺培南/西司他汀、美罗培南、替卡西林/棒酸。

（2）静脉抗生素（联合）：
①氨基糖苷类＋抗假单孢菌青霉素±β 内酰胺酶抑制剂/超广谱头孢菌素（头孢吡肟，头孢他啶）。
②环丙沙星＋抗假单孢菌青霉素。
③若必要可联合静脉万古霉素。

（3）低危患者抗生素联合、口服治疗：环丙沙星＋阿莫西林/棒酸（青霉素过敏患者换用环丙沙星＋克林霉素）。若将喹诺酮类药物作为预防用药则治疗时不推荐口服用药。

3. 具体感染部位的临床表现及治疗

（1）口腔黏膜感染：
①临床表现：表现为坏死、溃疡、牙龈炎。
②检查：细菌培养、革兰染色、病毒（单纯疱疹病毒）检测、

真菌检测。

③治疗：抗厌氧菌抗生素、抗病毒治疗、局部或系统性抗真菌治疗。

备注：表现为鹅口疮则应局部或系统性抗真菌治疗。

表现为囊疱状损害则应培养、直接荧光抗体试验检测单纯疱疹病毒、水痘带状疱疹病毒。治疗上选择抗疱疹病毒治疗。

(2) 食道感染：

①临床表现：表现为胸骨后疼痛、吞咽困难、吞咽疼痛、持续恶心呕吐。

②检查：口腔检查、病灶局部培养、病毒（单纯疱疹病毒、巨细胞病毒）、真菌。

③治疗：抗真菌治疗（发病前未使用过抗真菌药物则首选氟康唑；发病前曾使用抗真菌药物或为反复真菌感染则选用卡泊芬净、伏立康唑或二性霉素 B）；阿昔洛韦；若高度怀疑侵袭性巨细胞病毒感染则使用更昔洛韦或膦甲酸钠。

(3) 鼻窦感染：

①临床表现：鼻窦压痛、眼眶周围蜂窝织炎、鼻腔溃疡、单眼流泪。

②检查：鼻窦或眼眶周围高分辨 CT、耳鼻喉科或眼科急诊减压手术、培养、革兰染色、活检。

③治疗：若为眼眶周围蜂窝织炎，使用万古霉素；怀疑真菌感染使用二性霉素 B，待明确具体致病真菌可换用敏感药物；耐药真菌可联合抗真菌治疗（二性霉素 B 联合伏立康唑或卡泊芬净）。

(4) 腹痛

①检查：腹部 CT 或超声、碱性磷酸酶、转氨酶、胆红素、淀粉酶、脂肪酶。

②治疗：怀疑难辨梭状芽孢杆菌感染使用甲硝唑；抗厌氧菌治疗；考虑使用能覆盖肠球菌的抗生素。

(5) 肝脏感染：

①临床表现：碱性磷酸酶升高、胆红素升高、转氨酶异常。

②检查：腹部 CT 或超声、是否使用肝损害药物、淀粉酶、脂肪酶、检测巨细胞病毒、水痘疱疹病毒、EB 病毒、弓形虫。

③治疗：避免使用肝损害药物；抗厌氧菌治疗；使用覆盖肠球菌药物；根据实验室检查结果选用抗真菌或抗病毒药物。

(6) 直肠周围疼痛：

①检查：直肠指诊、肠道病原菌培养、难辨梭状芽孢杆菌培养、腹部/盆腔 CT。

②治疗：抗厌氧菌治疗、抗铜绿假单胞杆菌治疗、抗肠球菌治疗、局部处理（坐浴、通便）。

(7) 腹泻：

①检查：大便培养；轮状病毒检测；腺病毒检测；大便寄生虫检测。

②治疗：怀疑难辨梭状芽孢杆菌感染则口服灭滴灵；若为轮状病毒感染则应隔离治疗。

(8) 血管插管：

①检查：局部感染则局部消毒、血培养；管路感染、囊袋感染则血培养；伤口局部培养。

②治疗：局部感染 48 小时经验性抗生素治疗无效则加用万古霉素；管路感染、囊袋感染则拔管，使用包括万古霉素在内的抗生素。

(9) 肺部感染：

①检查：痰细菌、真菌培养；血氧测定；胸部 CT；血清半乳甘露聚糖和 β-葡聚糖试验（真菌感染）；鼻窦冲洗液流感病毒快速抗原试验、呼吸道病毒检测；尿液检测军团菌抗原；支气管肺泡灌洗液培养、染色检测细菌、真菌、卡氏肺孢子虫；支气管肺泡灌洗液检测巨细胞病毒、呼吸道病毒；肺活检。

②治疗：

局限性肺部感染：经验性抗生素治疗；怀疑支原体感染选用喹诺酮类、大环内酯类、多西环素；抗真菌治疗；G-CSF 或 GM-CSF。

肺间质浸润：经验性抗生素治疗；怀疑支原体感染选用喹诺酮类、大环内酯类、多西环素；高度怀疑肺囊虫病则使用复方新诺明；抗病毒治疗（流感高发季节可选用奥赛米韦、扎那米韦、金刚乙胺、金刚烷胺）。

(10) 蜂窝织炎：
①检查：局部穿刺、活检进行病原菌培养。
②治疗：万古霉素。

(11) 伤口局部感染：
①检查：病原菌培养。
②治疗：选用万古霉素。

(12) 疱状感染：
①检查：直接荧光抗体检测单纯疱疹病毒或水痘疱疹病毒。
②治疗：选用阿昔洛韦、泛西洛韦或伐西洛韦。

(13) 弥散性丘疹：
①检查：局部穿刺、活检进行细菌、真菌、支原体培养，病理组织学检查。
②治疗：选用万古霉素或抗真菌药物。

(14) 泌尿系感染：
①检查：尿培养、尿液分析。
②治疗：待病原菌明确后再用药。

(15) 中枢神经系统感染：
①检查：CT、MRI、腰穿、神经系统体检。
②治疗：抗生素应使用β内酰胺类（头孢吡肟、头孢他啶、美罗培南、亚胺培南）；若怀疑李斯特菌感染则使用氨下青霉素；大剂量阿昔洛韦（每次 $10\sim12mg/kg$, tid）。

4. 经过初步治疗后需要每日观察病情变化，观察内容包括：
(1) 每日询问病史、查体。
(2) 每日查看辅助检查结果。
(3) 反复血培养以明确病原菌。
(4) 评价疗效、药物毒副反应：体温发展趋势（上升、下降），感染症状、体征，有无脏器毒副反应。

5. 疗效判断：经验治疗 3~5 天（72~120 小时）时判断疗效。
(1) 有效：体温下降；感染症状、体征稳定或好转；血流动力学稳定。
(2) 无效：持续或间断发热；感染症状、体征无明显改善；血流动力学不稳定；血培养持续阳性。

(四)初始治疗后的治疗选择

1. 若初始治疗有效

继续目前治疗抗生素至少用至中性粒细胞$\geqslant 0.5\times 10^9/L$，具体如下：

(1) 皮肤/软组织感染用药7～14天。

(2) 菌血症：革兰阴性菌用药10～14天；革兰阳性菌7～14天；金黄色葡萄球菌第一次血培养阴性后至少再用药2周。

(3) 酵母菌拔除静脉插管，第一次血培养阴性后至少再用药2周。

(4) 鼻窦炎用药14～21天。

(5) 细菌性肺炎用药14～21天。

(6) 真菌感染：

①念珠菌：第一次血培养阴性后至少再用药2周。

②其他真菌：至少用药12周。

(7) 病毒感染：

①单纯疱疹病毒、水痘疱疹病毒：阿昔洛韦、伐昔洛韦、泛昔洛韦用药7～10天。

②巨细胞病毒感染：

病毒血症：口服伐昔洛韦或静点更昔洛韦/膦甲酸钠14～21天。

肺炎：静点更昔洛韦或膦甲酸钠联合静脉丙种球蛋白；若巨细胞病毒感染病期达到2～3周，则需要巩固抗病毒治疗2～4周。

③流感病毒：感染用药5天。

2. 不明原因发热初始治疗有效

(1) 中性粒细胞$\geqslant 0.5\times 10^9/L$，初始治疗3～5天有效后可停药。

(2) 中性粒细胞$<0.5\times 10^9/L$，则继续目前治疗直至中性粒细胞$\geqslant 0.5\times 10^9/L$，或改为口服抗生素治疗直至中性粒细胞$\geqslant 0.5\times 10^9/L$（环丙沙星500mg＋阿莫西林/棒酸500mg，q8h）。

(3) 用药7～14天可停用抗生素治疗。

3. 初始治疗无效　不明原因发热初始治疗无效：

(1) 若病情稳定可以继续目前经验性抗生素治疗。

(2) 若病情进展则扩大抗菌谱包括抗厌氧菌、抗耐药革兰阴性杆菌、抗革兰阳性菌；同时还可考虑使用 G-CSF 或 GM-CSF。

(3) 对于不明原因发热初始治疗无效的患者抗生素治疗疗程取决于疗效、中性粒细胞是否恢复、药物毒副反应。

(4) 初始治疗无效，但分离到确切病原微生物，则使用敏感药物；同时可考虑使用 G-CSF、GM-CSF、粒细胞输注。

(五) 门诊低危患者的治疗：(在社区环境发病的低危患者)

1. 观察 2～12 小时注意以下情况

(1) 再次评估患者确实为低危。

(2) 首次使用抗生素后应观察是否出现不良反应。

(3) 制定随访计划。

(4) 病人宣教。

(5) 12～24 小时内电话随访患者。

2. 治疗选择：在家使用长效静脉抗生素和(或)口服抗生素(环丙沙星 500mg q8h 或者阿莫西林/棒酸)

3. 治疗后随访

(1) 每日随访患者病情变化。

(2) 出现下述情况需要患者再次就诊：

①病原菌培养阳性。

②出现新的症状、体征。

③持续或反复发热达 3～5 天。

④不能继续服用抗生素。

⑤需要静脉使用抗生素。

(六) 预防性用药

1. 细菌感染

(1) 不推荐将喹诺酮类抗生素作为常规的预防性用药；但对于中性粒细胞持续低于 0.1×10^9/L 达到 10 天的高危患者推荐预防性使用喹诺酮类药物。

(2) 预防性用药直至发热或者中性粒细胞大于 0.1×10^9/L。

2. 真菌感染

(1) 预防性药物包括氟康唑 400mg/d、伊曲康唑 400mg/d 及低剂量二性霉素 B。

(2) 伏立康唑适用人群：

①异基因造血干细胞移植患者及急性白血病患者。

②发生移植物抗宿主病需要全身使用糖皮质激素患者。

③拟行自体移植或实体瘤化疗的患者。

(3) 预防性用药至少用到移植后 75 天或白血病诱导治疗后。

(4) 预防继发性曲霉菌感染：

①药物：伏立康唑联合卡泊芬净。

②使用人群：强化疗过程中已诊断曲霉菌感染的患者。

3. 病毒感染

(1) 单纯疱疹病毒（仅有血清学阳性）

①药物：预防用药为阿昔洛韦或伐昔洛韦。

②适用人群及疗程：

异基因或自体造血干细胞移植患者至少预防用药至移植后 30 天。

急性白血病诱导治疗或诱导后治疗患者中性粒细胞减少期间均需预防性用药。

中性粒细胞减少期间曾发生单纯疱疹病毒感染在中性粒细胞减少期间需要预防用药。

接受去 T 细胞治疗患者需要预防用药。

(2) 水痘带状疱疹病毒（仅血清学阳性）

①药物：预防使用阿昔洛韦。

②适用人群：

异基因造血干细胞移植患者，预防用药分两个阶段，第一阶段为预处理期间，第二阶段为移植后 180 天、中性粒细胞计数 $>1.0\times 10^9/L$ 至少 2 天、停用所有免疫抑制剂。

急性淋巴细胞白血病在整个化疗期间、移植期间均需预防用药。

预处理使用氟达拉滨或去除 T 细胞方案者。

肿瘤患者需要长期使用糖皮质激素（泼尼松 $\geq 20mg/d$）。

自体外周血干细胞移植患者。

(七) 万古霉素

1. 不是常规、一线药物，因为盲目用药会诱发耐万古霉素的肠球菌。

2. 若出现下述情况的严重的感染需要使用万古霉素：

（1）严重插管相关感染。

（2）严重黏膜损伤，且为青霉素耐药链球菌（尤其预防用药使用喹诺酮或复方新诺明）。

（3）血培养革兰菌阳性。

（4）耐青霉素/头孢菌素的肺炎球菌或耐甲氧西林的金黄色葡萄球菌。

（5）病原菌不明的感染合并低血压或脓毒血症导致休克。

3. 对于耐万古霉素球菌或不能耐受万古霉素的患者可选用利奈唑胺、奎奴普丁/达福普丁、达托霉素。

但应注意：达托霉素不能用于肺炎；上述这些药物并非中性粒细胞减少伴发热患者的首选药物；这些药物毒副作用大（利奈唑胺有血液学毒性；奎奴普丁/达福普丁诱发肌肉骨骼疼痛综合征；达托霉素诱发肌炎）。

备注：中性粒细胞减少合并肺炎或侵袭性真菌感染考虑使用G-CSF或GM-CSF。

中性粒细胞减少合并侵袭性真菌感染或革兰阴性杆菌感染对于经验性抗生素治疗无效者可考虑粒细胞输注。

中性粒细胞减少合并巨细胞病毒性肺炎（使用更昔洛韦过程中）或丙种球蛋白低下患者可考虑静脉输注丙种球蛋白。

（王 蔚 译）

二、NCCN 2006年疼痛处理指南

（一）概述

疼痛是肿瘤患者最常见的症状。疼痛是指真实的或可能的组织损伤时表现出来的独立的情感经历。肿瘤性疼痛或肿瘤相关性疼痛是指恶性肿瘤患者所经历的疼痛，与非恶性疾病患者的疼痛不同。约1/4新诊断的恶性疾病患者可以出现疼痛，其中约1/3的患者接受了治疗，3/4的患者伴有进展性疾病。

NCCN2006年疼痛处理指南要求在选择治疗方案时应考虑到以下几个问题：

1. 因为NCCN的疼痛处理系统是以肿瘤患者疼痛严重程度的数值为依据来制订治疗方案的，因此治疗前医生应该对患者疼痛强度进行定量分析。

2. 必须进行正规的疼痛评估。

3. 必须以特定的间隔进行疼痛强度的重新评估，以便保证所选择的治疗方式可以达到预期的疗效。

4. 必须提供心理社会的支持。

5. 必须向患者提供专门的教育材料。

（二）疼痛的病理生理学分类

肿瘤患者可以表现为不同类型的疼痛。疼痛的分类包括肿瘤相关性疼痛、治疗相关性疼痛和与上述两者无关的疼痛。在决定治疗方案时，也应该区别急性疼痛和慢性疼痛。疼痛治疗策略的制定有赖于疼痛的病理生理机制。目前有两种主要病理生理机制，即伤害性疼痛和神经性疼痛。

1. 伤害性疼痛是躯体和内脏结构损伤的结果，导致伤害性感受器被激活。这种伤害性感受器存在于皮肤、内脏器官、肌肉和结缔组织中。其中躯体性疼痛表现为尖锐的、搏动性疼痛，定位清楚；而内脏性疼痛表现为痉挛性、放射性疼痛，定位模糊。

2. 神经性疼痛来源于外周或中枢神经系统的损伤。这种疼痛也许表现为烧灼样、尖锐性疼痛，或放射痛，如幻痛、中枢性疼痛和治疗后的疼痛。

（三）疼痛的评估

为了保证适当的疼痛治疗，医生应该对患者进行疼痛评估。疼痛治疗失败最常见的原因就是疼痛评估失败。疼痛处理系统的前提条件就是无论是在最初的评估过程中，还是在新的治疗方案开始时，都应该对肿瘤患者进行筛选，并且在治疗过程中也应该以固定的间隔对患者进行筛选（图1）。

在对患者进行疼痛评估时（表1），还应该进行必要的体格检查和适当的实验室及影像学检查。这些检查有助于医护人员了解患者的疼痛是否与一些需要专门治疗的潜在病因相关。例如，不应该对因硬膜外脊髓压迫而感到疼痛的患者仅给予阿片类药物的治疗。对这类患者，如果未给予糖皮质激素和局部放射治疗，则疼痛不可

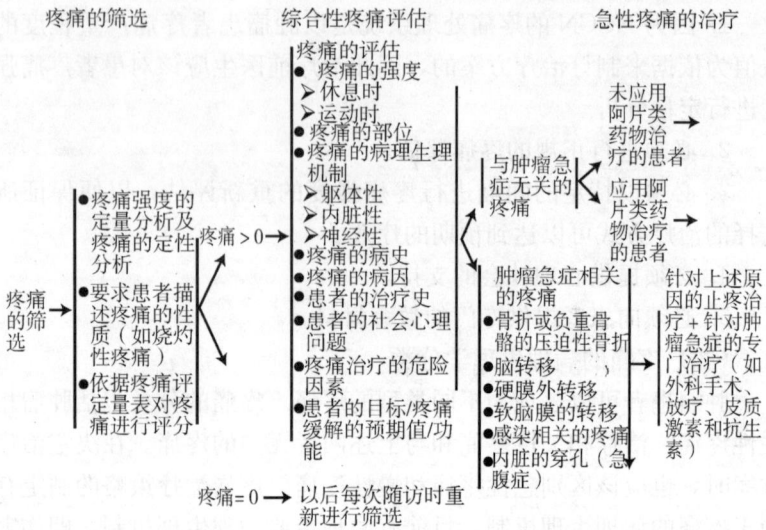

图1 疼痛的筛选

能得到良好的控制,并且,如果患者是脊髓以下水平出现压迫,则患者将一直处于永久性尿失禁和偏瘫的高危状态。

表1 综合性疼痛评估

(一) 病史

　1. 疼痛

　　(1) 疼痛的强度(见疼痛强度评定量表)

　　　①休息时

　　　②运动时

　　　③干扰活动

　　(2) 疼痛的位置

　　(3) 疼痛的病理生理机制

　　　①躯体性:皮肤、肌肉、骨骼疼痛,表现为压力性、搏动性、针刺样疼痛

　　　②内脏性:器官或内脏疼痛,表现为虫噬性、痉挛性或尖锐性疼痛

　　　③神经性:由神经损伤引起的疼痛,表现为尖锐的、烧灼样、麻刺样的疼痛

　　(4) 病史:疼痛的发生、持续时间、病程、加重、伴随症状、缓解

因素、对于当前或既往治疗的反应，以及停止治疗的原因
(5) 病因学
① 肿瘤
② 肿瘤的治疗
③ 同时发生的或非肿瘤的原因
(6) 对当前治疗的反应
① 疼痛缓解和治疗的副反应
② 患者对治疗计划的坚持
2. 医学情况
(1) 当前的治疗，包括医院内治疗、辅助治疗和可选择的治疗
(2) 肿瘤
(3) 其他重要的疾病
3. 心理社会因素
(1) 患者的应激状态
(2) 家庭和其他的支持
(3) 精神病史，包括当前的和既往的药物滥用史
(4) 与疼痛相关的特殊问题
① 疼痛对于患者及其家庭的意义
② 对于疼痛的文化信仰
③ 患者及家庭对疼痛的认知和信仰
④ 精神和宗教问题
4. 疼痛治疗的危险因素
包括：儿童、老年人、沟通障碍、药物滥用史、神经性疼痛、未成年人、女性及文化因素
5. 疼痛治疗偏移或异常使用的危险因素
(1) 患者的因素
(2) 环境和社会因素
(二) 体格检查
(三) 相关的实验室和影像学检查

确定患者疼痛强度的标准方法有赖于患者的自我感觉，并以0～10分数字评定量表、疼痛分类量表或图示量表（即Wong-Baker Faces疼痛评定量表）对疼痛进行定量分析（图2）。

A. 疼痛的数字评定量表:
- 口述:"你感觉疼痛有多严重?",并从0(没有疼痛)到10(最难想象的疼痛)计分"
- 书写:"用圆圈勾出可以描述疼痛程度的数字。"

    0 1 2 3 4 5 6 7 8 9 10
没有疼痛   最难想象的疼痛

B. 疼痛的分类评定量表:

"你感觉疼痛有多严重?"

没有(0),轻度(1~3),中度(4~6),或 重度(7~10)

C. Wong-Baker Faces疼痛评定量表:

  0   2   4   6   8   10
没有疼痛 轻微疼痛 一些疼痛 更多疼痛 明显疼痛 难以忍受的疼痛

图2 疼痛的评定量表

(四)急性疼痛的治疗

急性疼痛的处理系统依据0~10分疼痛数字评定量表将患者的疼痛强度分为3个水平:重度疼痛(7~10分),中度疼痛(4~6分)及轻度疼痛(1~3分)(图3)。并且该系统也将与肿瘤急症相关的疼痛和与肿瘤急症无关的疼痛区别开来。除此之外,该系统亦将既往或目前正在应用阿片类药物治疗肿瘤性疼痛的患者与未应用阿片类药物治疗的患者区分开来。

对于疼痛评定小于7分的患者,急性疼痛的处理是相似的。主要的不同有两点:如果患者疼痛评定为4~6分(即中度疼痛),可以考虑给予速效阿片类药物缓慢滴注,并且在治疗24~48小时后再次重新进行综合性疼痛评估;如果患者疼痛评定为1~3分(即轻度疼痛),且既往未应用过NSAID和阿片类药物,可以考虑给予NSAID或扑热息痛治疗,并且在治疗24~72小时后再次重新进行综合性疼痛评估,以便确定随后的治疗方案。

不同种类的辅助止痛药物常常被用于帮助治疗骨骼疼痛、神经性疼痛、内脏性疼痛,并且被用于减少全身阿片类药物的用量。

NSAIDs、选择性COX-2抑制剂、三环类抗抑郁药（TCA）、抗惊厥药、双磷酸盐和激素治疗是最常用的治疗。在NSAID的治疗前，应该考虑患者是否存在以下情况：消化性溃疡、年龄大于60岁、男性及皮质激素的治疗，以便预防上消化道出血和穿孔。耐受性良好的质子泵抑制剂被推荐用于预防NSAID引起的上消化道副反应。对于年龄大于60岁、存在体液浓缩、间质性肾炎、同时应用其他肾毒性药物，以及应用经肾脏排泄的化学治疗，以便预防肾脏毒性。

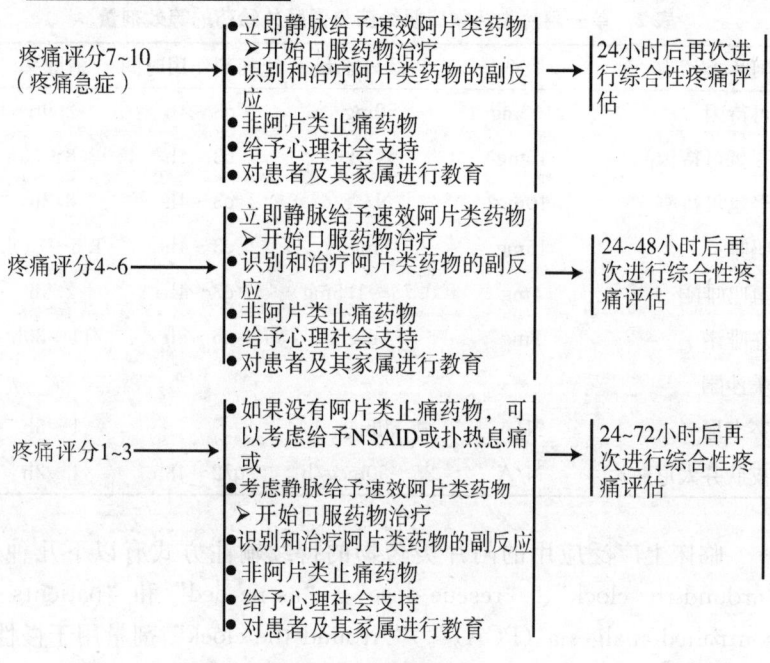

图3 急性疼痛的治疗

（五）选择合适的阿片类药物及合适的给药方式

开始治疗前，应该确定疼痛的病理生理机制，并诊断疼痛综合征。选择适当的阿片类药物也许很困难，并且要依赖患者的疼痛强度和当前止痛药的应用。

在口服阿片类药物与胃肠外给药之间转换时，应该考虑到药物的相对有效性,以便避免药物过量或药量不足。表2显示了阿片类药物的等效剂量比值、阿片类药物的静脉给药及维持。丙氧酚(propoxyphene)、哌替啶(meperidine)等不被推荐用于治疗肿瘤性疼痛。哌替啶和丙氧酚亦不被推荐用于肾功能不全和脱水的患者,因为上述两种药物可能引起神经毒性。可待因(codeine)、羟氢可待酮(oxycodone)、二氢羟吗啡酮(oxymorphone)和芬太尼是临床上最常用于治疗肿瘤性疼痛的药物。因为半衰期较短的阿片类药物(如吗啡、羟氢可待酮、氢吗啡酮和芬太尼)较之半衰期长的阿片类药物更易经静脉给药,因此这些药物在临床上更常用。

表2 单一阿片类药物口服给药与胃肠外给药的等效剂量

阿片类药物	口服剂量	胃肠外剂量	止痛剂作用时间	清除率
可待因	100mg	50mg	q3~4h	2.9h
二氢可待因酮	15mg	N/A	q3~4h	3.8±.3h
羟氢可待酮	10mg	N/A	q3~4h	3.2h
吗啡	15mg	5mg	q3~4h	1.5~2.0h
氢吗啡酮	4mg	0.75~1.5mg	q3~4h	2.5h
左啡诺	2mg	1mg	q6~8h	11~30h
美沙酮	*	*		
芬太尼	N/A	50mcg		1~3h
皮肤芬太尼贴片	N/A	25~50mcg/h	q72~48h	1~3h

临床上广泛应用的阿片类药物的持续输注方式有以下几种:"around the clock"、"rescue dose"、"as needed"和"patients-controlled analgesia(PCA)"。"Around the clock"剂量用于慢性疼痛患者长期持续性疼痛的缓解;对于应用控释阿片类药物治疗的患者,"挽救剂量"应该作为这类患者接下来的治疗方案,速效阿片类药物的挽救治疗应该被用于控释阿片类药物/维持阿片类药物治疗仍不能缓解疼痛的患者;对于一些有疼痛缓解期的间歇性疼痛患者,按需给药的方式是治疗这类患者的基础,当需要剂量快速增加时也可以应用按需的治疗方式;控制的止痛治疗方式(patients-controlled analgesia,PCA)允许患者控制一个装置,以便按需给

予止痛剂（依据内科医生设置的参数）。

（六）肿瘤性疼痛的介入性治疗

一些患者尽管接受了药物治疗，但仍不能很好控制疼痛，或者一些患者因为副反应不能耐受阿片类药物的输注，对于这些患者可以选择给予其他的治疗方案。如果患者没有达到足够的止痛效果，一些介入性治疗可供选择。止痛剂的局部输注（硬膜外、鞘内及局部神经丛给药），对于定位良好的疼痛综合征的神经清除性手术（例如：骶髂关节痛或内脏性疼痛可以应用腹腔上下神经丛神经松解术），经皮椎骨、经皮盘状减压术及程序性神经共刺激术（如外周神经病变）已被证明可以成功用于处理肿瘤性疼痛。在一些患者中，这些技术已经被证实可以清除患者的疼痛主诉，或是明显降低患者的疼痛水平，以便减少止痛剂的应用。

（七）肿瘤性疼痛的辅助治疗

表3列举了对于炎症性疼痛、骨骼疼痛、神经压迫或炎症、神经性疼痛，以及对抗肿瘤治疗不可有疗效的疼痛的治疗策略。其他的治疗，包括特殊的非传统的止痛药物，可以用于治疗神经性疼痛综合征。例如罹患神经性疼痛的患者不能从阿片类药物的应用中得到缓解，可以考虑试用抗惊厥药物或三环类抗抑郁药物；而不能耐受阿片类药物或不能接受足量止痛剂的胰腺癌患者应该被给予腹腔神经丛阻滞。

表3　特殊性疼痛的治疗问题

1. 与炎症相关的疼痛：试用NSAID或糖皮质激素治疗
2. 骨骼疼痛，但无肿瘤急症
   （1）试用阿片类药物或NSAIDs
   （2）局部的骨骼疼痛：考虑局部放疗或神经阻滞治疗（如肋骨疼痛）
   （3）弥漫性骨骼疼痛：考虑试用双磷酸盐，敏感的肿瘤患者应用激素或化疗，一些患者可以选择性应用糖皮质激素和或全身应用放射性同位素
   （4）考虑物理治疗评估
   （5）对于顽固性疼痛，考虑神经麻醉（神经阻滞、脊髓麻醉或阿片类药物）、整形外科手术及神经外科手术
3. 神经压迫或炎症：试用糖皮质激素
4. 神经性疼痛

续表

(1) 试用抗抑郁药物：从小剂量开始，如果患者可以耐受每隔 3～5 天增加 1 次剂量或延长用药间隔直至 14 天

(2) 试用抗惊厥药物：从小剂量开始，如果患者可以耐受每隔 3～5 天增加 1 次剂量或延长用药间隔直至 14 天

(3) 考虑局部用药（如辣椒碱和局部麻醉）

(4) 如果 2～3 周的实验治疗后止痛效果不满意，考虑咨询疼痛专家、麻醉师或神经外科医生，可以考虑进行介入治疗

5. 对于抗肿瘤治疗不可能有疗效的疼痛

(1) 考虑试用放疗、激素或化疗

(2) 对于严重难治性疼痛或明显濒死的患者可以考虑姑息治疗

（闫晨华 译）

三、肿瘤和治疗相关性贫血

（一）概述

贫血常是疾病的一种征象，可有多种原因导致。本指南中提到的肿瘤和治疗相关性贫血特指由于化疗导致骨髓增生受抑或慢性病性贫血，其中包括了促红细胞生成素在接受化疗病人中的应用。

肿瘤和治疗相关性贫血逐渐受到重视，尤其是贫血和患者的生活质量以及治疗效果之间的关系已有学者正在进行研究。关于贫血的治疗在最近的 20 年间逐步发展。在 20 世纪 80 年代以前，随着血库技术的发展，许多患者有条件大量输血，使得其血红蛋白都能够在 100g/L 以上；但 80 年代后，由于认识到输血相关性感染的风险以及血源的减少，输血的阈值降低至 70～80g/L，以患者不出现身体不适为目标。到了 20 世纪 90 年代，临床上开始应用重组人促红细胞生成素逐步代替输血。而且随着药物的发展，许多肿瘤病人可以获得长期生存，由此也导致了对患者生存质量关注的增多和评价指标的出现。人们提出了乏力和贫血之间的关系，并作为评价影响患者生活质量的一个指标。最近，贫血对于治疗效果的潜在影响也在进一步研究中。传统定义的贫血以及贫血的程度划分正在被重新认识，有新观点认为轻度的贫血对于临床治疗更重要。

（二）定义和发生率

美国国立癌症研究所（NCI）定义血红蛋白正常值为：成年男

性 140~180g/L，成年女性 120~160g/L。WHO 和 NCI 对于诊断轻度贫血的血红蛋白的界值有轻微差异，具体分类见下表中。

表4 贫血程度分类

级别	危险程度	NCI 标准	WHO 标准
0	无	正常范围	>110
1	轻度	100~120	95~100
2	中度	80~100	80~94
3	重度	65~79	65~79
4	极重度（危及生命）	<65	<65

贫血程度分类（血红蛋白水平，g/L）

对于接受化疗和放疗的肿瘤患者，如果包括轻度贫血，则其发生率常被人们低估。一项回顾性研究提出，如果以血红蛋白<12g/L 作为贫血的诊断标准，直肠癌、肺癌和宫颈癌的患者，在接受完放疗时其贫血的发生率分别可达到 67%、63% 和 82%。同时，如果轻度贫血也计算在内，则在接受化疗的患者中贫血的也是很常见的。

（三）病原学

肿瘤和治疗相关性贫血的病因多种多样，从而增加了对病人评价的复杂性。其病因包括出血、溶血、骨髓浸润、营养缺乏和慢性疾病，以及上述原因的综合影响所致。同时，化疗药物的骨髓抑制作用也应作为一种原因。

慢性病贫血常不够引起人们重视，其发生是由于炎性因子直接抑制骨髓造血和阻碍 EPO 产生而导致的。慢性病患者常有血清铁降低，但是骨髓中储存铁并不少，因而提示是一种铁利用障碍而不是缺铁，这也被称作"功能性铁缺乏"。肿瘤患者的铁蛋白有时会升高，但常是因感染所致，并不能反应患者的铁储存量。尽管血清铁等指标的价值有限，但血清铁蛋白<100ng/ml 或转铁蛋白饱和度<20% 均是功能性铁缺乏的特点。慢性病贫血患者的 EPO 反应常是较迟钝的，Miller 等学者通过比较，认为肿瘤患者的 EPO 水

平较缺铁性贫血患者明显偏低。

（四）促红细胞生成素和输血

Littlewood 等人通过随机、安慰剂对照的研究指出，促红细胞生成素的应用可以减少肿瘤患者输血的需求。375 例实体瘤和非血液系统恶性疾病患者，其血红蛋白小于 10.5g/dL，或化疗后血色素下降不多于 1.5g/dL 而使血色素小于 12.0g/dL，随机按 2：1 的比例分为两组，一组（251 例）每周接受 3 次 EPO150～300IU/kg，持续 12～24 周；另一组（124 例）为安慰剂组。EPO 组的输血需求较安慰剂组明显降低（24.7% $vs.$ 39.5%，$P=0.0057$），且血红蛋白水平有所提高（2.2g/L $vs.$ 0.5g/L，$P<0.001$）。

Seidenfeld 等人综述了应用 EPO 以减少输血需求的 22 个随机对照双盲临床试验。结果显示 EPO 减少了 9%～45% 患者（$n=1080$，输血标准为 HGB<10g/dL）、7%～47% 患者（$n=431$，基线为 10g/dL<HGB<12g/dL）和 7%～39% 的患者（$n=208$，基线 HGB>12g/dL）的输血需求。应用 EPO 的患者与对照组比较，优势比为 0.45（95% 可信区间为 0.33～0.62），且减少输血剂量范围在不同输血基线组间是相似的。多数学者认为在化疗开始时应用 EPO 可以进一步降低其优势比数值，而对于化疗起始时 HGB 接近 10g/dL 的患者与高 HGB 患者相比，应用 EPO 是否可以减少输血尚无证据。

Quirt 等人进行的一项非随机的研究指出，对于未进行化疗的肿瘤患者，应用 EPO 同样可以减少输血的需求。其他研究还提出应用长效 EPO 可以延长用药间隔时间，并与短效的效果相似。Patton 等人提出短效 EPO 推荐用法，每周 60 000 单位持续 8 周，之后改为 120 000 单位每 3 周 1 次。

（五）促红细胞生成素和病人的生活质量

贫血和乏力之间的关系被认为是肿瘤患者生活质量降低的一个评价指标。Littlewood 等人的研究（如上述）证明，根据三种生活质量的评价量表的结果可以看出，应用 EPO 组与安慰剂组相比，明显提高了肿瘤患者的生活质量。

对于轻度贫血（HGB 在 10～11g/dL）而有症状的患者应用 EPO 应仔细考虑，而对于 HGB 低于 10g/dL 而有症状的患者强烈建议应用 EPO 治疗以减少输血。

（六）治疗期间的评价和监测

贫血的监测指标包括：全血细胞分析、外周血涂片以及骨髓检查。血清铁、维生素 B_{12} 和叶酸、便常规、乳酸脱氢酶、胆红素、肌酐/肌酐清除率以及网织红细胞必要时也应检查。肿瘤患者的 EPO 水平常较低，且其血清 EPO 水平与其作用无相关性，因此对于肿瘤患者推荐应用 EPO，但不推荐监测 EPO 水平。应用本方案需与非肿瘤性或非治疗相关性贫血相鉴别（出血、溶血、营养不良、遗传性、铁缺乏和肾功能不全等），并根据特定的贫血原因进行治疗，对于 NHL 和 MDS 可以参见相关指南。

（七）风险评估

在诊断贫血（HGB<11g/dL）和确定原因后，应对贫血进行首次危险性评估，包括是否为急性贫血，贫血程度（轻度 HGB 为 10～11g/dL，重度为 8～10g/dL，重度为小于 8g/dL）。病史方面需考虑是否有伴随症状，如胸痛、呼吸困难等，伴随疾病如心脏病、潜在的呼吸系统疾病也应考虑，最终形成一个临床评价。如果患者急需治疗，可先按指南输血，随后对其进行评估。对于不急需输血的患者，可直接对其进行评价。症状方面的评价指标包括患者的活动能力、定量的指标、表现的状态和自述的乏力程度。这种症状方面的评价目的在于判定贫血导致的功能损伤程度，不一定需要立即纠正（如输血）。症状评价最好采用重复性好的方法以便于广泛开展，目前简便和重复性好的工具正在研究之中。本指南认为应重视患者自身的描述，通过简单的表格，可定量或半定量的评价。例如，0 到 10 分的评分标准，轻度乏力为 0～3 分，中至重度为 4～6 分，严重的乏力为 7～10 分。初步的研究提示大于 7 分为明显的功能损伤。或者询问患者以便评价乏力的轻重程度。在随访中同样需要一系列的评估。如果患者没有临床症状，就应进一步评价其发生有症状贫血的危险因素。这些因素包括：在最近的 6 个月内曾输过血，以往骨髓抑制性化疗以及大于全身 20% 的骨骼放疗病史，目前可导致骨髓抑制的治疗（持续时间、治疗方案和药物），年龄较大以及血红蛋白水平较低。

本方案认为对于有功能性症状和具有发展为贫血风险的患者应

给予干预。许多回顾性研究对于预防性治疗中度贫血的观点不一。Groopman等综述,目前对于各种化疗方案具有危险因素的患者,应用EPO预防性治疗应需谨慎。

(八) 促红细胞生成素的治疗

对于无症状具有发生贫血风险的患者进行观察和EPO治疗需谨慎,是否立即应用EPO,还是等到HGB下降至10g/dL左右再开始应用EPO,需要根据临床症状进行判断。对于有症状的贫血患者,推荐输血和(或)EPO治疗。如果HGB在10~11g/dL之间,可考虑应用EPO和/不和输血,而HGB小于10g/dL则强烈推荐应用EPO治疗。同时对于有症状和具有危险因素的患者,在输血后应定期进行再次评价。对于接受EPO治疗的患者,血清铁、总铁结合力和血清铁蛋白也应在治疗前进行检测。

EPO的常用剂量为150IU/kg或10 000U每周3次,若4周HGB上升不到1g/dL(无反应者)可剂量加倍。在加量并补充铁剂继续治疗4周后仍无反应则为无反应,应停止治疗。值得注意的是,在持续应用EPO后常出现功能性铁缺乏。一般来说,血清铁<100ng/ml或转铁蛋白饱和度小于20%可认为有功能性铁缺乏,应开始补铁治疗。口服铁剂常用,对于消化吸收不良的患者可使用静脉铁剂。有研究表明,静脉铁剂的作用对于肿瘤患者要优于口服铁剂。一种新型口服铁剂——血红素铁多肽(HIP)可作为静脉铁剂的替代品,用于血液透析的患者。HIP来源于牛血红蛋白,其口服后在小肠被吸收,其吸收途径不同于以往的非血红素铁剂。

(九) 对EPO治疗反应的评价

首先的评价是鉴别患者对于EPO是否有反应,有效者HGB升高大于1g/dL,且能够使HGB保持在理想水平(12g/dL)。治疗4周后无反应者,可将EPO的剂量加倍,加或不加铁剂治疗。如果患者HGB在8~12周升高1g/dL,则可以继续治疗,否则应停药并输血治疗。

随后的治疗还包括对患者症状的随访。如果患者HGB再次下降,血清铁和其他原因应再次检查。

如果在2周内患者的HGB升高大于1g/dL,则EPO的剂量应减少25%。如果HGB>12g/dL则应停止治疗，若再降至12g/dL以下，则可再次以首次治疗剂量的75%的剂量开始治疗。

有许多因素需在EPO治疗前及治疗中应进行评价。高血压/癫痫发作、血栓形成和纯红再生障碍性贫血常是EPO治疗的副作用并影响其治疗。HGB保持在11~12g/dL可以减少血栓的发生风险。高血压患者在EPO治疗前应予药物控制并定期监测血压。最近的一项分析指出，应用EPO会增加血栓形成的风险，但并没有使生存率降低。在慢性肾衰应用EPO治疗的患者中曾有癫痫发作的报道，而且从1998年至2004年大约有200例应用EPO的患者出现了纯红再生障碍性贫血。患者失去对EPO的反应，应考虑为纯红再生障碍性贫血，且应停用EPO治疗。

指南图表（1）

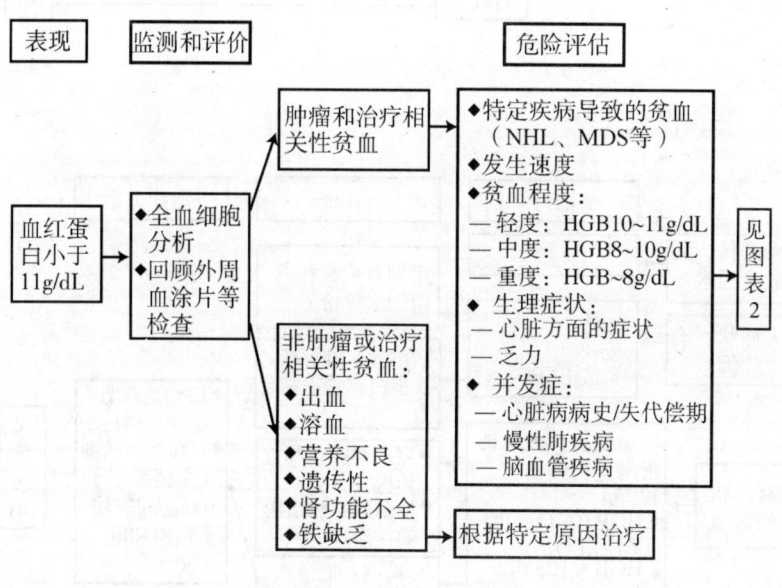

指南图表（2）

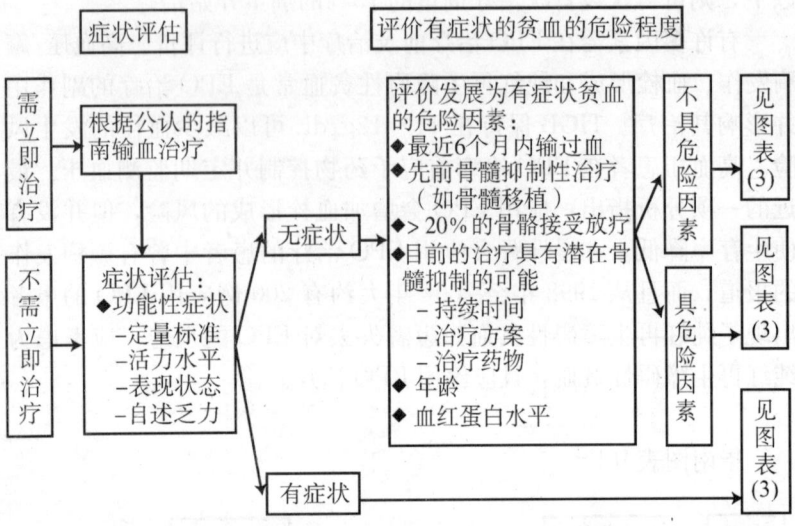

指南图表（3）

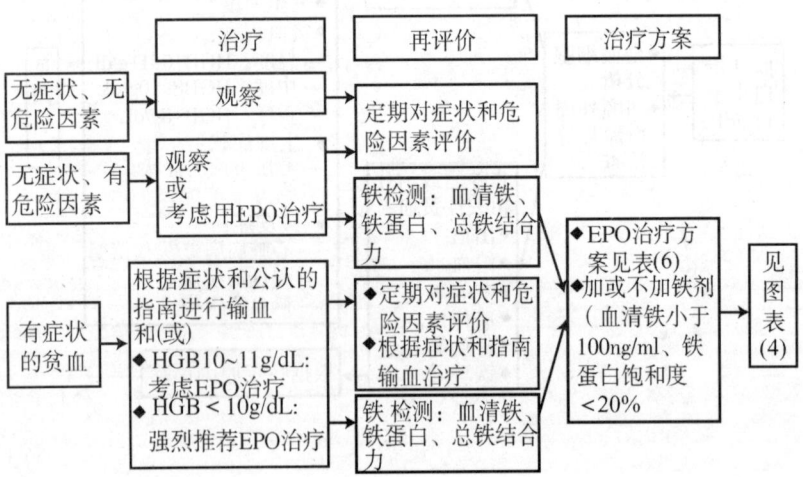

指南图表（4）

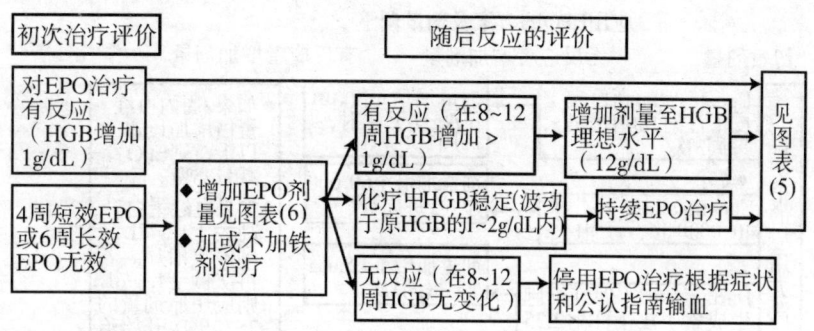

指南图表（5）

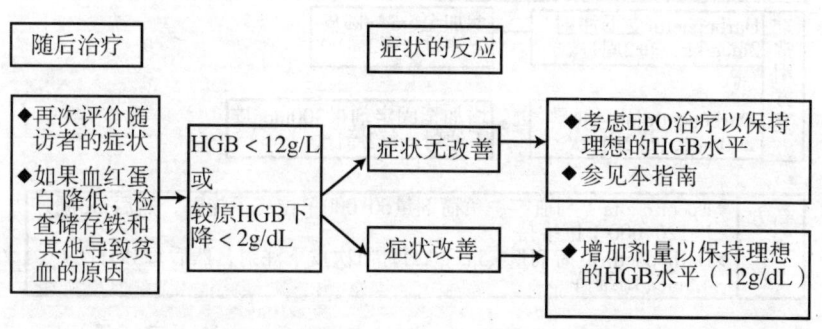

指南图表（6）

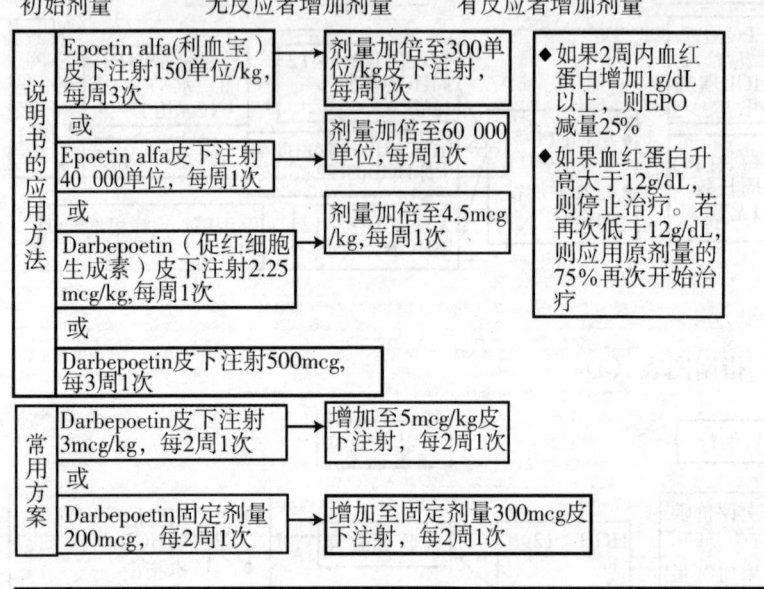

（纪 宇 译）

四、NCCN 2006年G-CSF应用指南

（一）概述

化疗诱发的中性粒细胞减少症是肿瘤全身化学治疗时一个主要的剂量限制性毒性，并且常伴有死亡率、发病率和治疗费用的提高。中性粒细胞减少症可以表现为发热和中性粒细胞减少，或发热性中粒细胞减少症（febrile neutropenia，FN），并且常引起患者住院和经验性广谱抗生素的应用。预防性应用集落刺激因子（colony-stimulating factors，CSFs）可以降低严重的中性粒细胞减少症和发热性中性粒细胞减少症的危险、严重程度和持续时间。尽管上述这些优点，但是因为预防性应用的费用较高，因此CSFs并不适用于所用接受骨髓抑制性化疗的患者。

回顾性研究已经明确了一些患者相关的、疾病相关的和治疗相关的危险因素与 FN 的发生及临床后果有关。研究显示，老年人、女性、身体状态差、营养状况差、治疗前血常规的基线水平较低、第一次化疗后血常规谷值水平较低，以及高强度的化疗方案都是预测中性粒细胞减少症发生的危险因素。对于 NHL 患者，乳酸脱氢酶水平及骨髓受累亦是预测 FN 发生的危险因素。中性粒细胞减少症的危险评估涉及以下几个方面：化学治疗药物的类型、剂量和治疗环境；患者发生发热性中粒细胞减少症的危险因素和治疗的目的（治愈性治疗策略或姑息性治疗策略）（见图 1、表 1～5）。具体如下：

1. 化疗方案与 FN：化疗方案的强度是化疗诱发的中性粒细胞减少症的危险因素之一，一些化疗方案更易产生骨髓抑制。大剂量环磷酰胺或依托铂甙治疗 NHL，以及大剂量蒽环类药物治疗早期乳腺癌（ESBC）都被认为是严重中性粒细胞减少症和 FN 的预测指标。高强度的化疗亦被认为是老年 NHL 患者发生中性粒细胞减少症及其合并症的危险因素。FN 的发生是一种与许多单一化疗药物和联合化疗方案相关的常见的剂量限制性毒性。这种危险与化疗方案的强度直接相关。在未接受化疗的患者中，如果化疗相关的 FN 发生率超过 20%，则为高危患者。预防性应用 G-CSF 被推荐用于这类患者（见表 1）。正如既往讨论过的，在考虑 G-CSF 预防性应用时，除了化疗方案的类型之外，也应该考虑与 FN 的发生率和后果相关的其他因素。如果化疗相关的 FN 发生率为 10%～20%，则为中危患者，对于这类患者上述考虑尤为重要。许多乳腺癌和肺癌的化疗方案是中性粒细胞减少症的中危化疗方案（见表 2）。尽管基于化疗方案相关的危险因素可以评估中性粒细胞减少症和中性粒细胞减少性合并症的发病风险，但是患者相关的因素和疾病相关的因素也会影响 FN 的发生，也应该被评估。因此为了对中危患者进行准确的评估，在决定是否开始 CSF 治疗以及选择其他治疗策略时，治疗目的应该成为重要的因素。

2. 患者的危险因素（见表 3）：研究证实，最常见的患者特异性危险因素包括肿瘤的类型、疾病的分期、既往健康状况的评估、同时并存的疾病、身体状态和年龄。与中性粒细胞减少症后果（包括严重的合并症和死亡）相关的危险因素包括实体肿瘤、白血病和淋巴瘤。中性粒细胞减少合并症（包括菌血症和死亡）的预测指标包括老年人、血液系统恶性疾病、较大的疾病负荷、入院时高体温和低血压、肺炎、静脉内感染、血细胞计数低，以及器官感染。

(1) 治疗相关的危险因素：中性粒细胞减少症的既往史，患者既往应用同样的化疗方案时发生了严重的中性粒细胞减少症或FN，这被认为是发生FN和延迟应用足量化疗的危险因素。

(2) 患者相关的危险因素

①年龄：老年患者是发生严重的中性粒细胞减少症或FN严重合并症的预测指标。至少10项研究证实，过高的年龄是预测严重中性粒细胞减少症和其他中性粒细胞减少性合并症的独立危险因素。

②身体状态、功能状态和营养状况：除了年龄之外，身体状态差是预测化疗诱发的中性粒细胞减少症的危险因素。在老年患者中，较之实际年龄，患者的生理年龄也许是更精确的预测指标。功能状态及营养状况较差亦会影响足量化疗方案的应用。

③共存疾病：一些共存疾病可以增加中性粒细胞减少症及其合并症的发病风险，并且也许会影响足量化疗方案的应用。肾脏疾病和心脏疾病可以增加FN的风险，并降低NHL患者化疗的剂量强度。在乳腺癌患者中，肝脏疾病、肾脏疾病和心脏疾病可以增加严重中性粒细胞减少症和FN的风险。同样的，一些共存疾病如高血压、慢性阻塞性肺疾病（COPD）、肺炎、肥胖症或体表面积（BSA）$>2m^2$、脑血管疾病、心血管疾病、既往的真菌感染、结缔组织疾病和败血症已经被证实可以增加严重中性粒细胞减少性合并症的风险，包括住院时间延长和死亡。

④实验室异常：血细胞计数和化学分析也许可以提示共存疾病、疾病范围或细胞毒性化疗的影响。许多实验室异常已经被证实可以预测化疗诱发的中性粒细胞减少症及其合并症的发生。对于早期乳腺癌患者，治疗前的白细胞水平可以预测FN和相对剂量强度（RDI）$>85\%$；治疗前血红蛋白水平$<12g/dL$亦是第一周期化疗后严重中性粒细胞减少症或FN的预测指标。研究显示，NHL患者血清白蛋白水平$\leqslant 35g/L$、乳酸脱氢酶（LDH）高于正常上限，

以及骨髓受累亦是致命性中性粒细胞减少症和 FN 的预测指标。

(3) 疾病相关的危险因素：

①肿瘤相关的危险因素：因为潜在的疾病病程和治疗强度，较之实体肿瘤，血液系统恶性肿瘤患者是发生中性粒细胞减少性合并症的高危人群。骨髓受累可以增加 FN 的风险，并且可以降低化疗剂量强度。进展期疾病和未控制的肿瘤亦是降低剂量强度、住院治疗及严重中性粒细胞减少性合并症（包括死亡）的预测指标。

②对于化疗诱发的中性粒细胞减少症或发热性中粒细胞减少症患者，常见的干预策略就是造血支持，可以通过以下途径来达到上述目的，如应用集落刺激因子（colony‑stimulating factors, CSFs）、降低治疗剂量或延长治疗间隔时间。CSF 治疗发热性中性粒细胞减少症的作用将在下文中阐述。

表 1　发热性中性粒细胞减少症的高危化疗方案（>20%）

该表中所列举的化疗方案并不是全部，仍有其他的方案
危险因素包括药物、剂量和治疗环境
化疗方案的类型只是危险评估中的一个因素

1. 膀胱
    TC（紫杉醇，顺铂）
    MVAC（氨甲蝶呤，长春碱，阿霉素，顺铂）
2. 乳腺
    AC‑T（阿霉素，环磷酰胺，多西他赛）
    AT（阿霉素，紫杉醇）
    TAC（多西他赛，柔红霉素，环磷酰胺）
3. 宫颈癌
    TC（紫杉醇，顺铂）
4. 头部和颈部肿瘤
    TIC（紫杉醇，异环磷酰胺，美司钠，顺铂）
5. 非霍奇金淋巴瘤
    VAPEC‑B（长春新碱，柔红霉素，泼尼松，依托铂苷，环磷酰胺，博来霉素）
    A（N）CVB（柔红霉素或米托蒽醌，环磷酰胺，长春花碱酰胺，博来霉素）
    DHAP（地塞米松，顺铂，阿糖胞苷）
    ESHAP（依托铂苷，甲基泼尼松龙，顺铂，阿糖胞苷）
6. 卵巢癌
    托泊替康
    紫杉醇
    多西他赛

7. 前列腺癌 　　多西他赛/泼尼松 　　米托蒽醌/泼尼松 8. 肉瘤 　　MAID（美司钠，多柔比星，异环磷酰胺，氮烯咪胺） 　　阿霉素 　　阿霉素/异环磷酰胺 9. 小细胞肺癌 　　CAE（环磷酰胺，阿霉素，依托铂苷）	托泊替康 　　TopT（托泊替康，紫杉醇） 10. 睾丸癌 　　VIP（长春花碱，异环磷酰胺，顺铂） 11. 非小细胞肺癌 　　VIG（吉西他滨，异环磷酰胺，长春瑞滨） 　　DP（多西他赛，卡铂）

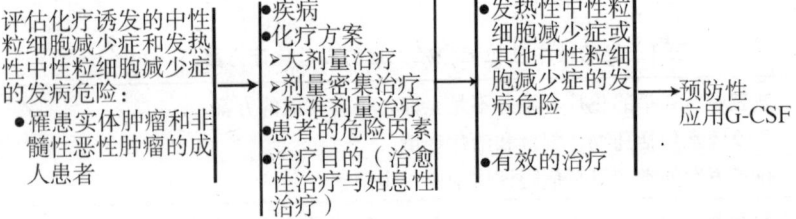

图1　发热性中性粒细胞减少症的危险评估

注释：1. 发生发热性中性粒细胞减少症的高危化疗方案（>20%），见表1
　　　2. 发生发热性中性粒细胞减少症的中危化疗方案（10%～20%），见表2
　　　3. 患者的危险因素，见表3
　　　4. 患者无法耐受足量化疗的危险因素，见表4
　　　5. 发热性中性粒细胞减少症患者G-CSF的预防剂量，见表5

表2　发热性中性粒细胞减少症的中危化疗方案（10%～20%）

该表中所列举的化疗方案并不是全部，仍有其他的方案
危险因素包括药物、剂量和治疗环境
化疗方案的类型只是危险评估中的一个因素

1. 腺癌 　　GPT（吉西他滨，卡铂，紫杉醇）	2. 乳腺癌 　　多西他赛 　　AC（阿霉素，环磷酰胺）

续表

　　DX（多西他赛，卡培他滨）
　　GC（吉西他滨，卡铂）
3. 霍奇金金淋巴瘤
　　Stanford V（氮芥，阿霉素，长春花碱，博来霉素，依托铂苷，泼尼松）
4. 非霍奇金淋巴瘤
　　ACOD（阿霉素，环磷酰胺，长春新碱，泼尼松）
　　FM（氟达拉滨，米托蒽醌）
　　RCHOP（环磷酰胺，阿霉素，长春新碱，泼尼松，利妥昔单抗）
　　DHAP（地塞米松，顺铂，阿糖胞苷）
5. 非小细胞肺癌
　　TC（顺铂，紫杉醇）
　　DC（顺铂，多西他赛）
　　DG（多西他赛，吉西他滨）
6. 卵巢癌
　　托泊替康
7. 胰腺
　　IG（伊立替康，吉西他滨）
　　DC（多西他赛，顺铂）
8. 小细胞肺癌
　　EP（依托铂苷，卡铂）
　　TopC（托泊替康，顺铂）
9. 睾丸癌
　　EC（依托铂苷，顺铂）

表3　患者的危险因素

治疗相关的
　1. 相同的化疗方案诱发中性粒细胞减少症的既往病史
　2. 化疗的类型（蒽环类药物）
　3. 预计的相关的剂量强度（>80%）
　4. 以前存在的中性粒细胞减少（<1000）或
　5. 淋巴细胞减少
　6. 既往化疗的延长
　7. 当前的或既往的骨髓（包括骨骼）放疗

患者相关的
　1. 年龄（>65岁）
　2. 女性
　3. 身体状态差（ECOG≥2）
　4. 营养状况差（如低白蛋白）
　5. 免疫功能减低

肿瘤相关的
　1. 肿瘤累及骨髓
　2. 进展期或未控制的肿瘤
　3. 乳酸脱氢酶水平升高（淋巴瘤）
　4. 白血病
　5. 淋巴瘤

伴随严重感染风险的情况
　1. 开放性创伤
　2. 活动性组织感染

并存病
　1. COPD
　2. 心血管疾病
　3. 肝脏疾病（胆红素、碱性磷酸酶升高）
　4. 糖尿病
　5. 血红蛋白基础水平下降

表4 患者无法耐受足量化疗的危险因素

中性粒细胞减少
1. 发热性中性粒细胞减少，尤其是第一个化疗周期
2. 严重的中性粒细胞减少，尤其是第一个化疗周期

患者的因素
1. 年龄
2. 种族
3. 教育状况
4. 合并症

医生因素
1. 治疗地点
2. 治疗环境
3. 医生的培训/经验

疾病因素
1. 分期
2. 既往治疗
3. 骨髓受累

治疗因素
1. 既往治疗
2. 化疗方案
3. 治疗目的、剂量和治疗日程

并存病
1. 心血管疾病
2. 肾脏疾病
3. 肥胖或 BSA>2 m^2
4. 功能状态或营养状况差
5. 结缔组织疾病

表5 发热性中性粒细胞减少症患者 G‐CSF 的预防剂量

1. 非格司亭（Filgrastim）
   (1) 5mcg/(kg·d) 直至中性粒细胞绝对值达到最低点后又恢复至正常或接近正常
   (2) 化疗结束后 1~3 天开始，直至中性粒细胞绝对值恢复
2. Pegfilgrastim
   (1) 每次 6mg/周期
   (2) 化疗结束后 1~3 天开始，直至中性粒细胞绝对值恢复
   (3) 对于每 3 周给予一次的化疗方案，有证据显示支持 G‐CSF 的应用
   (4) 对于每 2 周给予一次的化疗方案，Ⅱ期临床试验已证实 G‐CSF 应用的有效性
   (5) 目前没有足够的资料支持每周给予或小于 2 周间隔给予 G‐CSF
3. Sargramostim
   (1) 临床试验中的应用剂量为 250mcg/(m^2·d) 直至中性粒细胞绝对值达到最低点后又恢复至正常或接近正常
   (2) 化疗结束后 1~3 天开始，直至中性粒细胞绝对值恢复

上述三种药物均可采用皮下注射
对于中危高危患者,目前还没有资料支持其他的 G-CSF 剂量选择
安全性资料显示 Pegfilgrastim 与非格司亭的安全性相似
不推荐应用预防性抗生素

(二) 预防(见图2)

文献报道,应用常规化疗方案时,大约 25%~40% 的在治疗中心会出现发热性中性粒细胞减少症(febrile neutropenia,FN)。FN 也许会使随后的化疗周期延迟,或是导致化疗剂量减低,从而影响治疗效果。FN 的出现也会增加诊断与治疗所需的费用,并且可以引起住院时间延长。肿瘤治疗相关副反应的预防可以明显影响患者的生活质量。近来,一些资料显示应用粒细胞集落刺激因子(granulocyte-colony-stimulating-factor,G-CSF)预防 FN 可以明显改善患者的生活质量。

预防性应用重组 G-CSF 可以降低化疗相关性中性粒细胞减少症的严重程度和持续时间,并且可以预防致命性合并症的出现。FDA 推荐应用 Filgrastim 与 Pegfilgrastim 预防化疗诱发的中性粒细胞减少症。在决定 CSF 的应用时,不仅要考虑患者和治疗相关的危险因素,还要考虑肿瘤治疗的目的。

G-CSF 预防性应用的指征依赖于发生发热性中性粒细胞减少症或其他影响治疗的中性粒细胞减少症的危险分级。临床试验和经济模型显示 CSF 的预防性应用被推荐用于高危患者,这类患者发生发热性中性粒细胞减少症或其他影响治疗效果的中性粒细胞减少症的危险超过 20%。CSFs 的应用可以使 FN 的发病率下降 50%。接受化疗的患者预防性应用 CSFs 可以降低 FN 和感染的危险。

NCCN 推荐对于那些接受以治愈、延长生存及改善 QOL 为目的治疗和辅助治疗的高危患者(>20%),应该常规预防性应用 G-CSF,以便预防 FN 的发生。在姑息治疗中,为了改善症状及生活质量,患者接受高危险的化疗方案,对于这类患者是否应用 G-CSF 还没有定论,应该进行详细的讨论。

NCCN 定义中危患者发生 FN 或影响治疗的中性粒细胞减少症

的风险为10%～20%。NCCN推荐对于这类患者是否应用G-CSF应基于内科医生与患者讨论发生FN的危险利益比。在非治愈性治疗中，如果患者的治疗目的是通过控制症状而改善生活质量，或是略微延长患者的生存时间，则NCCN推荐考虑应用G-CSF。另外对于接受姑息治疗的高危患者，在考虑预防性应用G-CSF时，也应该考虑上述情况。

对于低危患者，发生FN或影响治疗的中性粒细胞减少症的风险低于10%。无论治疗目的为何，对于这类患者，NCCN均不推荐预防性应用G-CSF。除非患者正在接受治愈性治疗或辅助治疗，并且有明显的风险出现FN相关的严重后果，包括FN相关性死亡。

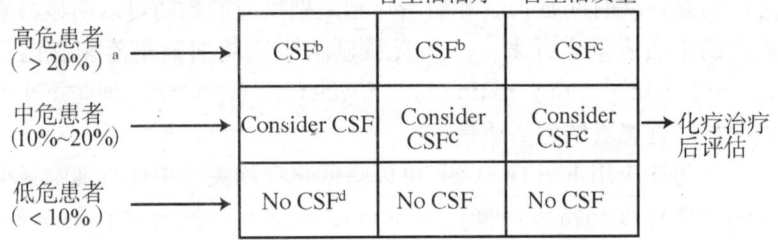

危险分级	治疗目的治愈/辅助治疗	延长生存/改善生活治疗	症状处理/改善生活质量
高危患者（>20%）a	CSFb	CSFb	CSFc
中危患者（10%~20%）	Consider CSF	Consider CSFc	Consider CSFc
低危患者（<10%）	No CSFd	No CSF	No CSF

图2 基于危险分级和治疗目的的预防策略

注释：a. 高危患者的定义——既往化疗过程中曾经发生中性粒细胞减少症，且没有打算降低化疗强度

b. 有1类证据显示推荐应用

c. 这种情况下，高危化疗方案的应用是困难的选择，需要医生与患者仔细的讨论。如果患者的危险因素明确了患者的危险分级，则CSFs的应用是合理的。其他的治疗选择，如降低化疗剂量或减轻骨髓抑制，如果有可以比较的优势，也可以考虑采用。

d. 如果患者有明显的风险发生FN相关的严重的后果，包括死亡，则可以考试应用G-CSF，其他情况下不推荐应用G-CSF。

每个化疗周期均应该对患者进行评估，以便确定患者的危险分级和治疗目的，并根据危险分级和治疗目的来确定G-CSF的应用。具体如下（见图3）：

（1）如果患者既往曾有FN或剂量限制性中性粒细胞减少症，目前患者正在接受同样剂量的化疗，则这类患者为高危患者，NC-

CN 推荐对于这类患者应预防性应用 G-CSF。

（2）如果患者应用了 G-CSF，但仍然发生了 FN，则 NCCN 推荐应该降低化疗剂量或改变化疗方案，除非会影响患者的生存。

（3）如果患者既往未出现 FN 或剂量限制性中性粒细胞减少症，并且可以从化疗中获益，则既往的干预治疗应该继续应用。

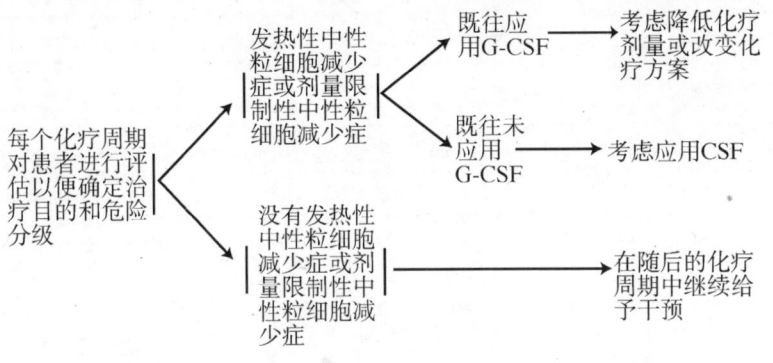

图 3　化疗前的患者评估

（三）髓系生长因子的应用（见表 5）

当前临床上用于预防 FN 的髓系生长因子包括以下几种：

1. Filgrastim（非格司亭）。
2. Pegfilgrastim。
3. Sargramostim。

NCCN 推荐在化疗结束后 1～3 天开始应用 Filgrastim（非格司亭），剂量为 5mcg/（kg·d），直至化疗后中性粒细胞绝对值从最低值恢复至正常或接近正常水平。对于每 3 周给予一次的化疗方案，NCCN 推荐在化疗结束后 24 小时开始应用 Pegfilgrastim，剂量为每次 6mg，每 3 周一次；但是 NCCN 并不推荐每周给予或小于 2 周间隔给予 Pegfilgrastim。对于接受骨髓抑制性化疗的成年非髓系恶性肿瘤患者，目前还没有足够的证据证实 Sargramostim 可以降低其中性粒细胞减少性并发症的发病率；对于老年急性髓性白血病（AML）患者，NCCN 推荐在诱导化疗后应用 Sargramostim。

（闫晨华　译）

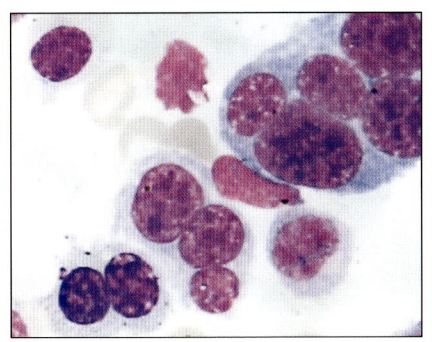
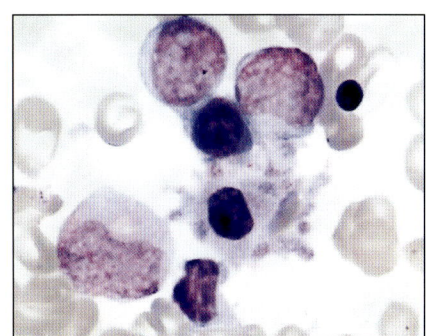
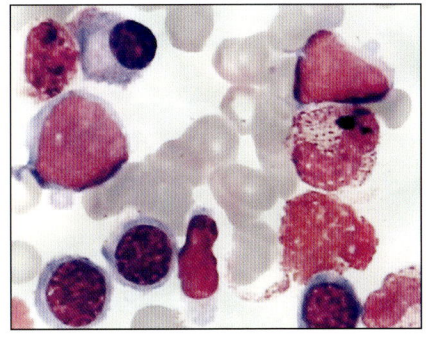
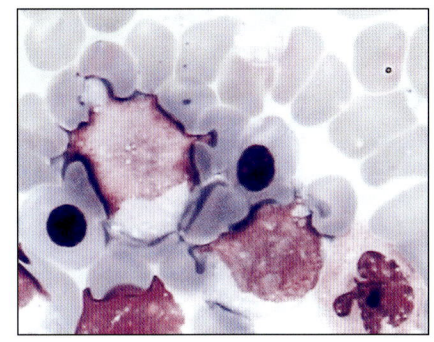

MDS　　　　　病态造血、幼稚细胞增多

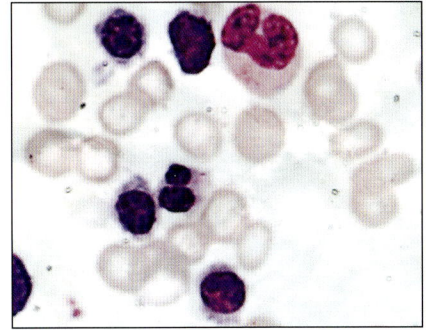
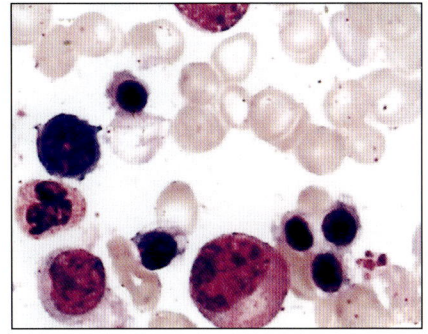

缺铁性贫血　骨髓增生活跃，中晚幼稚红细胞增生为主，呈老浆幼核现象

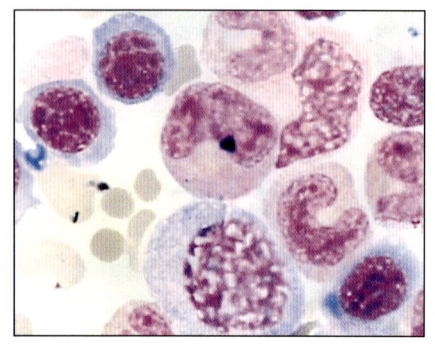 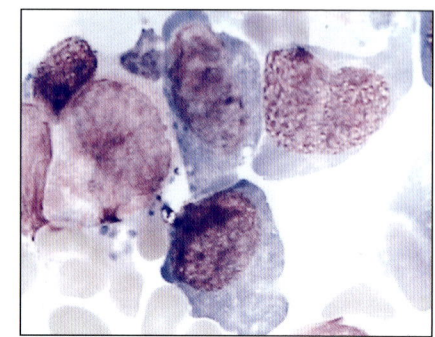

巨幼细胞性贫血　骨髓增生活跃，各个系统巨样变，核分裂

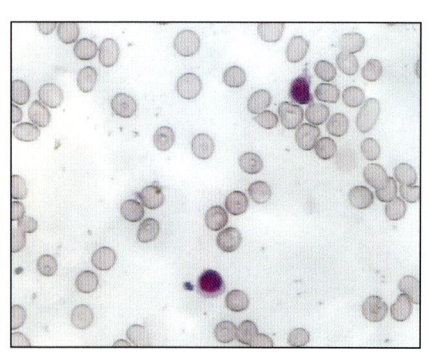 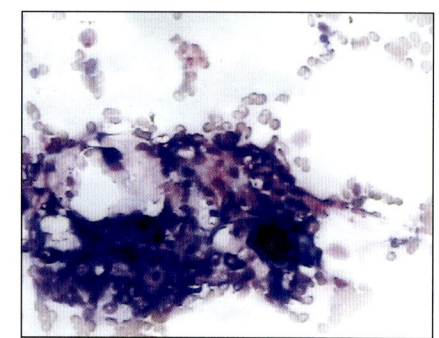

再生障碍性贫血　增生低下，非造血细胞增多

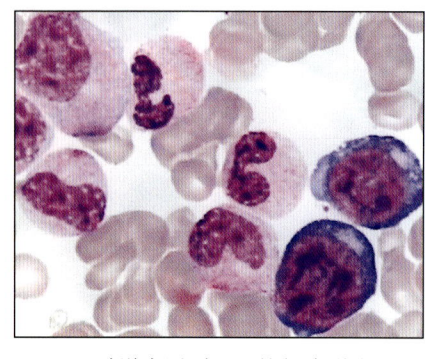 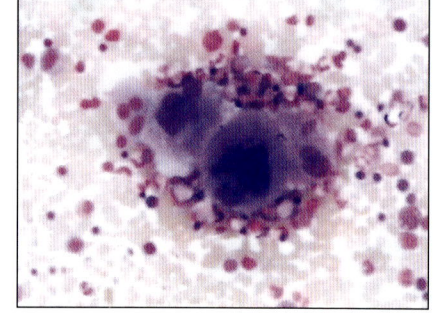

ITP　骨髓增生活跃，巨核细胞增多

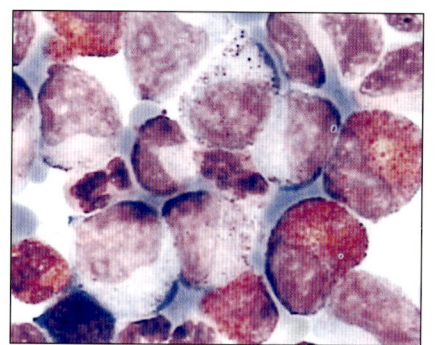
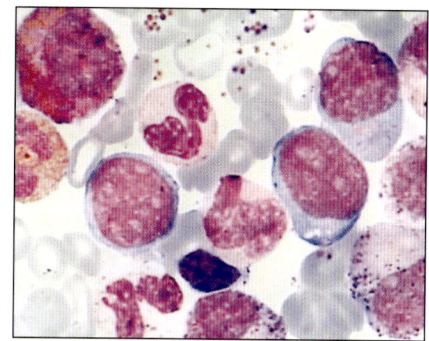

CML 慢性期　骨髓增生极度活跃，巨核细胞增多，各阶段细胞均有

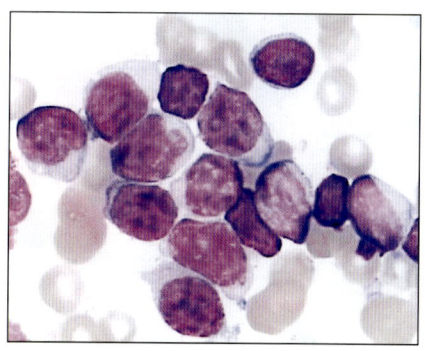
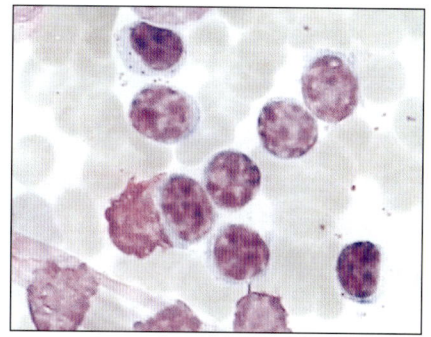

CLL 成熟小淋巴细胞为主　　　　　　　CLL

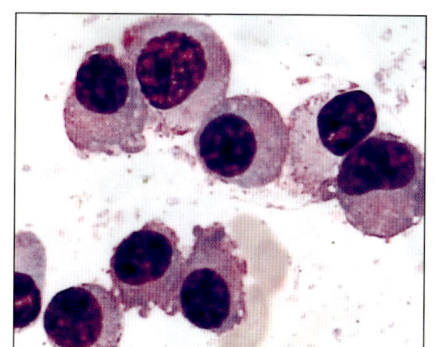
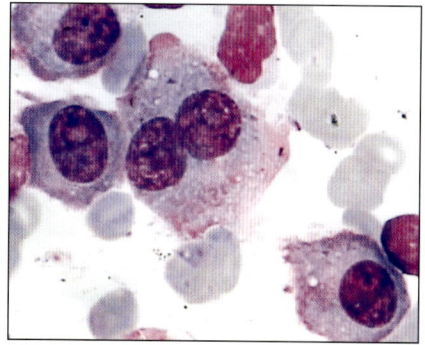

多发性骨髓瘤　骨髓瘤细胞大小不等、胞浆中有胞含体、红细胞呈轻度缗钱状改变

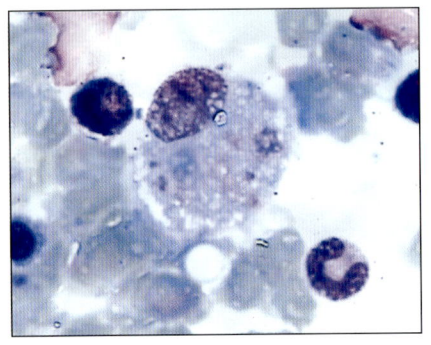
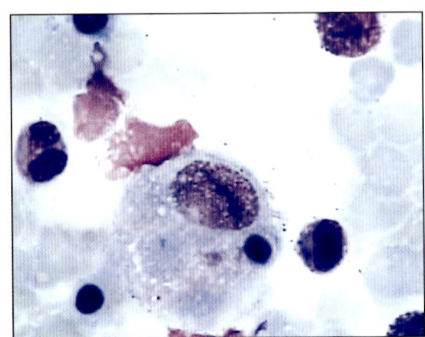

网状细胞 吞噬红细胞

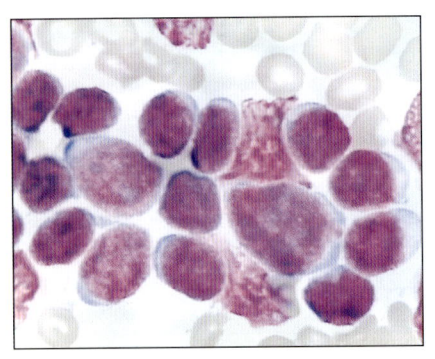
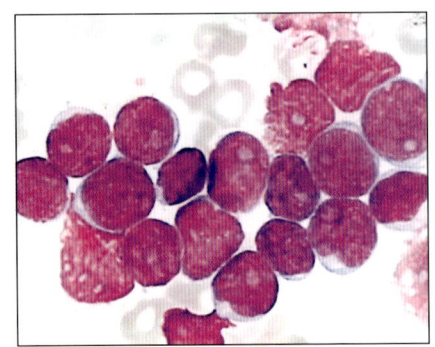

ALL 增生活跃，原始淋巴细胞增生为主

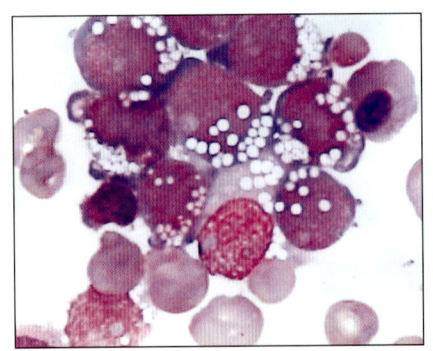
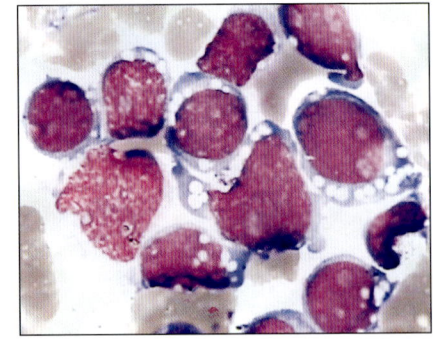

ALL-L3 原始淋细胞增生为主，以大细胞为主，细胞胞浆内有明显空泡

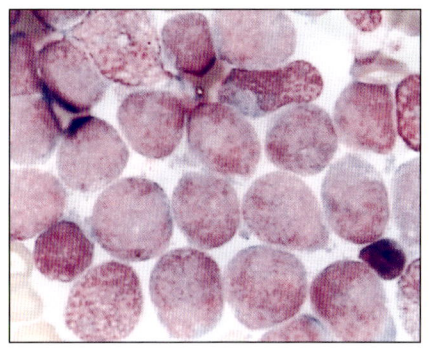

AML-M1
原粒细胞增生活跃，以 I 型原粒细胞为主

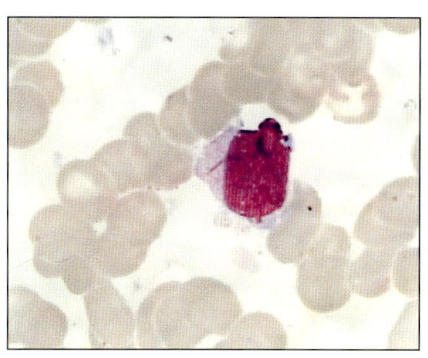

Auer 小体

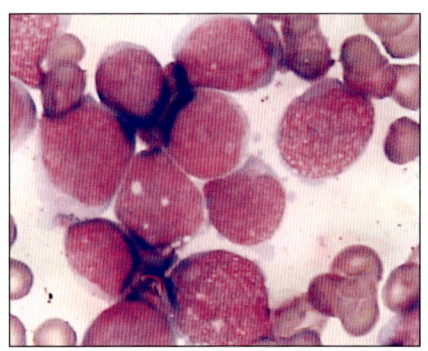

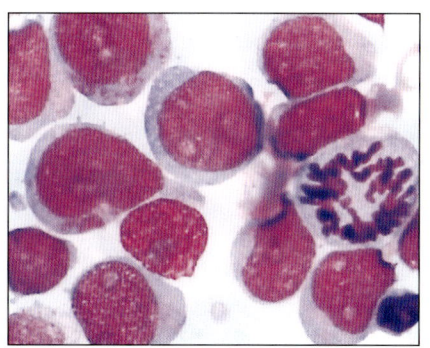

AML-M2　原粒细胞增多

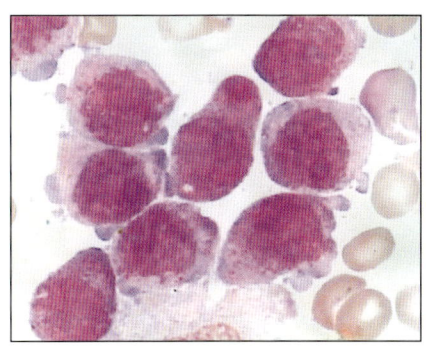

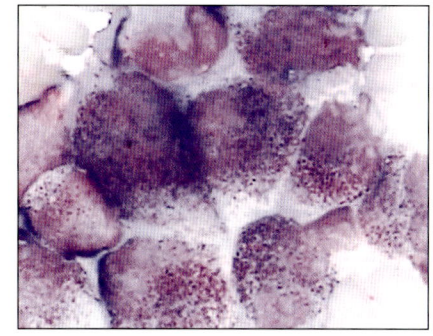

AML-M3　异常早幼粒细胞增多，外层胞浆呈伪足，内层胞浆充满粗大颗粒

AML-M4 原粒和原单核细胞增多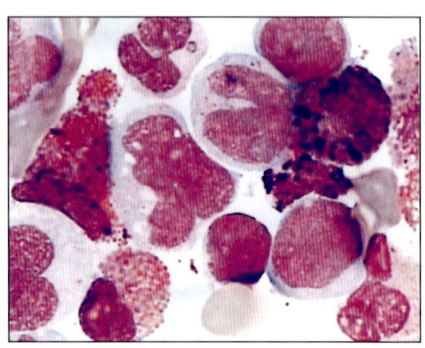

AML-M4EO

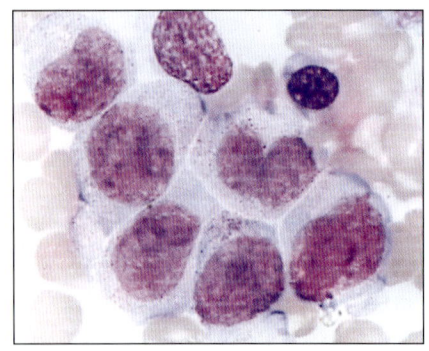

AML-M5 原单核细胞增多，核型不规则

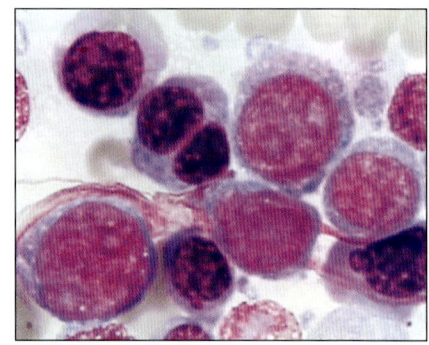

AML-M6

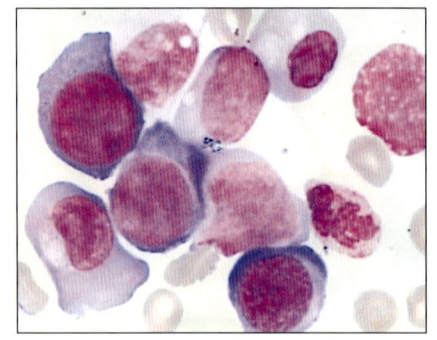

AML-M6 红系细胞增多，可见核分裂、双核、核碎裂、核扭曲，原始粒细胞增多